W0382015

2,-

Reisebücher von Anno dazumal

Die Seen in Masuren und im Oberland

Reprint von 1927

Rautenberg

© 1988 by Verlag Gerhard Rautenberg, Leer
2. überarbeitete Auflage 1989
Gesamtherstellung: Druckerei Rautenberg, 2950 Leer
Alle Rechte vorbehalten
Printed in West Germany
ISBN 3-7921-0392-3

Die Masurischen Seen

Ein Reiseführer von

Dr. Max Simoneit

Dem Führer sind beigefügt:
Eine Verkehrskarte
des gesamten Seengebietes; eine Situations-
karte: Krutinnen; neun Bilder masurischer
Landschaften; zwei Faksimiles; ein Verzeichnis
der Jugendherbergen des Seengebietes.

2. Auflage.

Lötzen 1927.

Giro-Zentrale

(Kommunalbank)

für die Ostmark

Öffentliche kommunale Bank

— Mündelsicher —

Geschäftsstelle Lötzen

Rathaus

Fernsprecher Lötzen 378 u. 379

Reichsbank-Giro-Konto

Postscheck-Konto Königsberg Pr. Nr. 21 871

Annahmestelle Widminnen

Fernsprecher Widminnen 78

Postscheck-Konto Königsberg Pr. Nr. 16 888

*

Annahme von Depositengeldern und Spareinlagen

zu günstigsten Sätzen

Kreditgewährung

Eröffnung laufender Rechnungen

An- u. Verkauf von Wertpapieren

Einzug von Schecks, Wechseln und Dokumenten

Einlösung u. Ausstellung von Reisekreditbriefen

Besorgung bankgeschäftlicher Aufträge jeder Art.

Inhaltsangabe.

A. Vorwort zur I. Auflage.

Die Notwendigkeit, einen neuen Führer für das masurische Seengebiet zu schaffen, versteht sich aus der heute schon wehmütigen Tatsache, daß die Weltgeschichte in gigantischem Wirken dem ostpreußischen Süden ein völlig neues Gepräge gegeben hat, — dem die vorhandenen Führer in keiner Beziehung Rechnung getragen haben. Darf doch der zum Herzen unseres Vaterlandes gerichtete Ruf, Masuren zu besuchen, heute nicht mehr allein mit dessen einzigartiger Schönheit und sonderbarer Eigenart begründet werden, — sondern muß doch der Ruf erschallen, weil das deutscheste Land der Wälder und Seen als Grabstätte großartigsten deutschen Heldentums wichtigstes deutsches Wallfahrtsziel werden muß. Wer heute im dunklen Wald an den Grabstätten der Tannenberghelden träumt, der wird in wunderbarem Ahnen dessen gewiß, daß in unbewußter Schönheit die Geschichte dieser Weihestätten das deutsche «Dornröschenheiligtum» sorglichst hütet.

So sollt Ihr zu uns kommen, die Ihr mit wundem Herzen unter der Knute von Versailles Euer Vaterland in Ehrlosigkeit zu verlieren glaubt! Hier ist Friede, Reinheit, Schönheit, — hier schläft Ruhm!

Glühende Heimatliebe soll Euch durch geweihte Stätten führen! Nicht können und wollen wir dem Wissenschaftler zeigen, wo die Landschaft Schätze für ihn birgt, — nicht dem Wirtschaftskundigen, was ihm dieses Land bedeuten soll, — sondern wir wollen den deutschen Wanderer dorthin führen, wo er mit Andacht beglückt wird.

Glühende Heimatliebe hat diese Arbeit angeregt. An ihrem Anfang steht ein Mann, der Jahrzehnte hindurch mit unermüdlichem Eifer seine Heimatstadt zu verschönen, — sein Heimatland zu beleben, bestrebt ist: Heinrich Gorny! Ihm sei schönster Dank, daß ohne ihn diese Arbeit nie geworden wäre! Wir wollen aber auch deren gedenken, die die Voraussetzungen für die Belebung Masurens geschaffen haben: Ernst Rakowski, C. E. Lack, E. Riech.

Möge dieses Büchlein im Geiste dieser Männer Heimatliebe lehren!

Lötzen, am Anfang 1925.

Dr. phil. Max Simoneit.

Vorwort zur II. Auflage.

Dies Büchlein hat seine erste Aufgabe erfüllt: Zu Tausenden hat es gesprochen, — hat sie hergelockt aus dem Staub und Lärm der Gassen westlichen Überfülltseins in die «makellose Welt» östlicher Sehnsucht, — hat sie sich baden lassen in der walddurchatmeten, seegeschmückten Reinheit des deutschen Masurens, — hat sie sich freuen lassen über die Schönheit dieser einsamen Welt!

Nun soll es wieder ausziehen! In bekanntem Gewande wird es seine neuen Wege sicherer wandern als bisher. In echtem Dienste an der Heimat soll es die Liebe zu Vaterland und Heimat in seiner bescheidenen Art herausführen aus den billigen Höhen abstrakter Ideologie in die irdischen Gebiete konkreter Tatsachen, — die, erfüllt vom Geiste der Tannenberg-Helden, die kleine masurische Erde erscheinen lassen müssen als notwendiger Baustein des großen deutschen Vaterlandes. Hierin muß auch Polens nationalistische Ideologie ihre notwendige Grenze finden!

Wenn diese Selbstverständlichkeiten sicherer Besitz nicht nur der fremden Wanderer, sondern auch der einheimischen Deutschen sein werden, dann kann dieses Büchlein bei seiner hoffentlich bald notwendigen dritten Auflage zu mir heimkehren wie ein Kind, das sein Vater selig begrüßt, weil es gedacht und gelebt hat im Sinne seiner Seele:

schön in der Form,
wahr im Inhalt,
gut im Ziel!

Königsberg Pr., am Anfang 1927.

Dr. Max Simoneit.

Mit der zweiten Auflage geht das Büchlein in einen neuen Verlag. Der in Masuren weit bekannte Verleger Paul Kühnel in Lötzen hat das Werk, entsprechend der vor allem durch die Herausgabe der »Mitteilungen der Literarischen Gesellschaft Masovia« bestimmten Tradition seiner vaterländisch und heimatlich wirkenden Firma, übernommen. Der Dank der Heimatfreunde ist ihm gewiß!

Dr. Max Simoneit.

B. Einleitendes über Maſuren.

Der politiſche Charakter Maſurens und ſeine nationale Zugehörigkeit iſt durch die unter der Leitung der Entente am 11. Juli 1920 erfolgte große Abſtimmung endgültig dokumentiert worden. Maſuren, eine Landſchaft, die zeitweiſe politiſch bis über das Narewtal reichte, heute etwa den ſüdlichen Regierungsbezirk der Provinz Oſtpreußen, Allenſtein, umfaßt, ſtimmte mit faſt 98 Prozent deutſch. Wer alſo nach Maſuren reiſt, braucht trotz des hier und dort vorhandenen, der polniſchen Sprache ähnelnden maſuriſchen Dialektes nicht zu fürchten, in ein fremdes Land zu fahren: In Maſuren lebt nur ſehr ſelten noch ein Menſch, der nicht der deutſchen Sprache mächtig iſt! Auch der polniſche Korridor hat Maſuren nicht weniger deutſch werden laſſen. Darum: Treue um Treue!

Geographiſch und geologiſch gehört Maſuren als Maſuriſche Seenplatte dem Baltiſchen Landrücken an, der aus dem Innern Rußlands kommend, in Deutſchland die maſuriſche, weſtpreußiſch-pommerſche, märkiſch-mecklenburgiſche und die ſchleswig-holſteiniſche Seenplatte bildend, auf der däniſchen Halbinſel Jütland endet. Er iſt als Endmoränenwall der großen nordeuropäiſchen Vereiſung zu betrachten und beſteht aus Lehm- und Kiesgeſchieben, ſo daß der Kiefernwald die natürliche und das Roggen- und das Kartoffelfeld die kulturelle Flora beſtimmen. Wer die märkiſche oder die mecklenburgiſche oder gar die holſteiniſche «Schweiz» kennt, der wird in der maſuriſchen «Schweiz» natürlich Ähnlichkeiten finden. Jedoch glauben wir, ohne durch die Brille der Heimatliebe beobachtet zu haben, hehaupten zu können, daß die maſuriſchen Wälder gewaltiger und ſtiller, — die maſuriſchen Seen blauer und tiefer, — die maſuriſchen Menſchen natürlicher und liebevoller ſind. Die unermeßlichen Wieſen von Anemonen und Primeln im Lenz, — die rieſigen Beſtände von ſtolzen Königskerzen und Weidenröschen im Sommer und das herrliche Erikaland im Herbſt haben in Deutſchland kaum ihresgleichen! Und das allcs nur als ſchmückender Rahmen für das, was in Flächenraum (faſt 500 qkm) und Tiefe (an vielen Stellen über 100 m) in Seenlänge (über 100 km) und Schönheit in Deutſchland ſicher unvergleichbar iſt: Die Maſuriſche Seenkette! Nicht weit von der polniſchen Grenze in weltfernſter Stille, mit dem wie mit magiſcher

Kraft zum Bade ladenden Niedersee beginnend, bildet sie zwei mächtige Becken, die zu den größten Seen Deutschlands gehören, den Spirding= und den Löwentinsee, — um mit dem durch bewaldete Inseln und Halbinseln romantisch zerrissenen Mauer=see in eine lebendigere Welt hineinzuführen, die durch den Masurischen Schiffahrtskanal mit riesigen Schleusen= und inter=essanten Hafenanlagen gegenwärtig Verbindung mit dem Handels=zentrum Ostpreußens, der Pregelstadt Königsberg, zu bekommen beginnt.

In diesem Urstromtal kommt man dem urwüchsigsten Leben und Weben kraftvoller, Millionen Keime bergender Natur am nächsten: Läßt einen ein Felsenberg im Kampfe um den Gipfel eigene Kräfte stählen, — zeigt einen die Brandung des Meeres ehrfurchtgebietende Gewalten in ewigem Brausen — nirgends aber bist Du dem freien schaffenden Spiel natürlicher Kräfte, dem ungestörten Weben der Schöpferseele Natur so innig nah wie in den waldbeschatteten, von Reiher und Kranich um=standenen und krönend von Seeadlern feierlich überflogenen Tälern masurischer Seen. Die menschlichen Siedlungen liegen, klein in der Zahl, winzig in der Größe, zumeist abseits und ver=steckt; beträgt doch die Bevölkerungsdichte kaum 50 auf 1 qkm.

An diesem Urstromtal — nicht in demselben — zerbrach die Woge russischer Heeresmassen, — die Samsanow= oder Narewarmee, in der Schlacht bei Tannenberg, — die Rennenkampf= oder Njemenarmee in der Schlacht an den Masurischen Seen in der Zeit vom 28. August bis 10. September 1914. Und auf der Ostseite der Seenkette — in der Gegend der Talter Ge=wässer östlich davon — lag die Hauptkraft der deutschen Schützengrabenfront im Winter 1914/1915. Von ihr aus konnte der gewaltige Hindenburg=Vorstoß, der im Februar 1915 zur Winterschlacht an den Masurischen Seen führte, vorbereitet werden. Überall dort, lieber Wanderer, findest Du deutsche Brüder liegen «wie das Gesetz es befahl!»

Doch neben ihnen liegen nicht etwa Trümmer und Ruinen — nein, mitten im Ringen um sein Dasein baute das deutsche Vaterland Masuren wieder auf, eine Tat, — wie sie Frankreich nicht zwang und die Weltgeschichte nicht kennt.

Masuren also bietet dem Wissenschaftler eine großartig typische Moränenlandschaft, dem Wanderer Stimmungen mit Andacht und Melancholie, — dem Kranken lungengesunde ozonreiche Luft und ein kristallklares Badewasser, das in seiner Reinheit nur mit den besten Bergseen verglichen werden kann, — jedem Deutschen aber interessanteste Stätten ruhmreichster Taten und inbezug auf den Wiederaufbau kulturelle Höchst=leistungen, einzig in Geschichte und Art.

So wollen wir wandern!

C. Lötzen als masurischer Reisemittelpunkt.

Dem Wanderer, der in den Genuß der Eigenart eines Landes kommen will, stehen in der Hauptsache zwei Möglichkeiten dafür zur Verfügung: Er kann in fortschreitender Fahrt die typischsten Stellen auf zusammenhängender Route besuchen, oder aber: Er schafft sich einen Reisemittelpunkt mit typischer Umgebung, von dem aus das Land zu bewandern wäre. Die zuerst genannte Möglichkeit bringt ihn «quer durch das Land». Das mag dem als Vorteil erscheinen, der mit dem stolzen Bewußtsein heimkehren will, schnell viel gesehen zu haben. In dieser Reiseart liegen aber alle Nachteile des heimlosen Wanderns, wie Unruhe, Hast, Gepäckbedrängnis, schnellere Ermüdung infolge schlechterer Übernachtung, Unregelmäßigkeiten, Verteuerung usw., alles Faktoren, die ein gründliches Studium oder einen tiefen Genuß stören oder gar unmöglich machen. Außerdem bedingt diese Reiseart einen schnelleren Wechsel des Aufenthaltsortes, der es verhindert, daß man in die intimen Verhältnisse des Reiselandes hineinschaut, was aber das Kennenlernen von Land und Leuten unmöglich macht. Wir glauben daher, dem Wanderer die andere Reisemöglichkeit empfehlen zu müssen.

Dieses kann man um so freudiger für ein Reiseland tun, in welchem ein tür das ganze Land typischer Mittenbezirk vorhanden ist. Ein Blick auf die Karte lehrt, daß im Mittelpunkt Masurens die Kette der großen Seen liegt; — die masurische Platte selbst reicht dann nach Westen bis in das Alletal hinein — nach Osten bis an die Goldaper Berge heran. Als genauer Mittelpunkt in der Ost-, West- und in der Nord-Südrichtung wäre etwa Nikolaiken zu betrachten. Nun kann aber ein Reisemittelpunkt nicht nur durch die genaue geographische Mitte bestimmt werden, sondern vor allen Dingen durch seinen Anschluß an die typischen Bezirke des Landes und durch seinen Anschluß an das öffentliche Verkehrsnetz. Diese beiden Momente bestimmen ganz entschieden bei objektivster Betrachtung Lötzen zum Reifemittelpunkt. Der Anschluß an die Hauptquerbahn der Provinz: Königsberg—Prostken, die Tatsache der Bahnverbindungen nach allen Himmelsrichtungen, (Süden: Arys, Johannisburg; Osten: Lyck, Prostken; Norden: Possessern, Kruglanken, Marggrabowa und Angerburg; Westen: Rastenburg, Korschen, Königsberg); und die Tatsache der Stationierung der Masurischen Dampfer-Kompagnie (E. Riech u. Co.) in Lötzen, zeichnet Lötzen vor allen anderen masurischen Städten aus. Dazu kommt, daß seine Lage und seine Erholungsmöglichkeiten unvergleichbar schön sind. Daher glauben wir uns dazu berechtigt, frei von jeder lokalpatriotischen Blendung, Lötzen — auch in vollem Bewußtsein der großartigen Schönheit Allensteins — als masurischen Reisemittelpunkt empfehlen zu dürfen.

1. Lage und Panorama.

Auf einer zwei Kilometer langen Landenge zwischen dem Löwentinsee im Süden und dem Mauersee im Norden liegt die zwei Kilometer lange und im allgemeinen kaum ein Kilometer breite Kreisstadt Lötzen. Den köstlichen Reiz dieser landschaftlichen Situation, die man in Ostpreußen kaum vermutet, kann man von drei Stellen aus genießen: von der Südostecke des Festungswalles im Westen der Stadt, — von der Höhe des zum Westende des Stadtwaldes führenden Kammweges im Norden und von der Mitte des Löwentinsees im Süden. Auf der letzten Stufe eines von Süden noch Norden ansteigenden, im Stadtwald die höchste Stelle mit etwa 170 m über dem Meeresspiegel erreichenden Höhenzuges, — von Westen betrachtet — träumerisch, in grünem Schmucke ruhend, — von Norden gesehen — wie ein Riesenspielzeug sanft und liebevoll an die Bergwand gestellt, — von Süden aber: wie eine liebliche Frau, die nach dem Bade wohlig den schönen Körper der Sommersonne darbietet, — liegt diese Stadt, — eine wahrhaft würdige Repräsentantin eines der schönsten Landstriche Deutschlands.

2. Geschichte.

Daß an einer landschaftlich so schönen, strategisch so geschützten und wirtschaftlich inbezug auf Fischfang ergiebigen Stelle sich früh eine Siedlung bildete, ist verständlich. Leider ist über altpreußische Siedlungen nichts zu erfahren. Um das Jahr 1335 herum erbaute der Ritterorden das Schloß, das heute kaum noch etwas von des Ordens Bauart und Baustil zeigt, zumal seine heutige Barockgestalt in der Hauptsache aus dem Jahre 1614 stammt; es hat einer Beschießung der revolutionierenden Volkswehr im Februar 1919 durch Artillerie mit mehreren Treffern kraftvoll widerstanden. Es bildet seit der Begründung des Sperrforts Boyen durch den General v. Boyen im Jahre 1844 die Wohnung des Festungskommandanten.

Lötzens Geschichte enthält dieselben markanten Punkte wie die Geschichte Ostpreußens. Es erhielt 1573 Stadtrecht. Der schwedisch-polnische Krieg brachte die qualvollen Tatareneinfälle im Jahre 1656/57, von deren brutaler Wucht die zahlreichen Säbelhiebe in den in der Vaterländischen Gedenkhalle aufbewahrten Totenschädeln ermordeter Bürger zeugen. Auch die beiden anderen Apokalyptischen Reiter sind lange schwarz vermummte Gäste unserer Stadt gewesen: die Pest und der Tod. Sie würgten und würgten, besonders im Jahre 1710, bis die Stadt fast entvölkert war. Etwa 800 Bürger starben. 1686 und 1786 wiederholten sich vernichtende Feuersbrünste. Der Krieg kam häufig wieder: von 1755—1762 trug er die feindliche Maske der Russen, — 1807 bis 1812 führte er die rücksichtslos aussaugenden Franzosen hierher, die 1870 und 1914 nur als Gefangene noch einmal kommen konnten. 1914 trieb der Krieg schon am 19. August die ganze Bürgerschaft aus ihren Heimen für Monate in die überfüllte Fremde und legte, um den Geschossen der Festung den Weg zu schaffen, eine lange Straße rücksichtslos nieder, die heute vollkommen neu wieder erstanden ist. Die neuen Häuschen sind klein, aber freundlich und haben altdeutsche Züge.

3. Feste Boyen.

Die strategische Funktion des Forts Boyen in der deutschen Abwehrfront bestand darin, Angelpunkt einer Sperrlinie zu sein, deren rechte Flanke durch die parallel zur ostpreußischen Südgrenze verlaufende Blockhauslinie der Johannisburger Heide gesichert war, und die durch die Masurische Seenkette, die Angerapp, die Deime und das Kurische Haff gebildet werden konnte. Für diese Sperrlinie bildete die große Festung Königsberg das Zentrum des Rückgrats. Diese Funktion hat das Fort Boyen unter dem hervorragend pflichttreuen Befehl seines tapferen Kommandanten, des damaligen Obersten, jetzigen Generalmajors a. D. Busse glänzend durchgeführt. Man lese nur die von glühender Vaterlandsliebe diktierte Darstellung*) des Generals über die weltkriegsgeschichtliche Rolle der Feste Boyen! Infolge des kühnen Ausharrens auf einsamsten und schwachem Posten konnte das Sperrfort auch nach dem Überschreiten der Angerapp-Linie durch Rennenkampf eine Bedrohung von dessen linker Flanke darstellen, während Königsberg ihm von rechts drohte. Nicht ganz mit Unrecht hat man seine verhängnisvoll zögernde Haltung, die den deutschen Sieg bei Tannenberg außerordentlich förderte, auf die Vermutung jener Bedrohungen zurückgeführt.

Man wandere zur Festung! Die Königsberger Straße führt zum Westende der Stadt hinaus. Wir stoßen auf das erste Festungswerk, den Lötzener Schiffahrtskanal, der zwei Kilometer lang, den Löwentinsee mit dem Mauersee verbindet. Über ihn läßt uns die Schiffahrtsbrücke, die eine Drehbrücke ist, wandern. Dichte Parkanlagen verstecken das sonst sehr deutliche Wallprofil und wir gelangen, am kleinen Festungsteich

*) Busse, Die Feste Boyen, gedruckt bei Paul Ritter, Berlin SW 61, Lichterfelderstrasse 21-24.

vorbei, durch das Lötzener Tor in das Innere des Forts. Dieses mißt nur 300 m im Durchmesser und hat weder Beton= noch Panzermauern. Aber die Stärke der Festung erkennen wir, wenn wir einen Spaziergang auf ihrem Hauptwall machen, der heute leicht zu erwirken ist. Auskunft und Erlaubnis erteilt die Kommandantur, die im Schloß am Schiffartskanal ihre Räume hat. Im Süden trennt uns nur der Damm der Ost=preußischen Südbahn von dem etwa 25 qkm großen, 7 km lan=gen Löwentinsee, der die Russen in dieser Richtung in einer Mindestentfernung von 7 km vom Festungswall abhielt. Eine Umgehung dieses Sees war durch die Befestigungen bei Przykop (Nordende des Buwelno=Sees und bei Kulla=Brücke, Südende des Saitensees) sowie bei Seehöhe (Südende des Buwelno=Sees) gehemmt worden. Nach Westen sehen wir zum Tayta=See, zum großen Festungsteich, sowie auf die südlichen Teile des Mauer=Sees. Zwischen Tayta=See und Kissain=See liegt das Gut Schön=berg, auf der Westseite des Kissain=Sees liegt das Dorf Kamionken, westlich davon der Deyguner Wald. Bei Schönberg und im Dey=guner Wald standen die Spitzen der russischen einschließenden Kolonnen. Nach Norden sehen wir die Festung durch den Kanal und den Mauersee geschützt, — russische Patrouillen zeigten sich in dieser Richtung im Stadtwald. Nach Osten hin liegt die Stadt vorgelagert. Russische Spitzen standen in dieser Richtung bei Sulimmen und Campen. Überall dort konnten die Russen von der Festung aus gepackt werden.

Die die Festung umgebenden Seen allein beherrschte ein einziges deutsches Schifflein, die Barbara, die ihr treudeutscher Besitzer, der wohl allen Masuren befahrenden Wanderern bestens bekannte Kapitän und Leiter unserer Masurischen Dampfer=Kompagnie E. Riech, Kriegsdienste tun ließ. Auch hierüber lese man in der Schrift des Generals Busse nach! Die Barbara tut heute wieder Friedensdienste im Verkehr auf den Masu=rischen Seen. (S. S. 43.) Jener Umzingelungsring ist infolge der kühnen Außenunternehmungen des Kommandanten nie enger geworden. Nur am 26. August drangen Russen für einige Stunden in die Stadt ein, — sie wurden aber durch die tapferen 147er sehr schnell wieder hinausgeworfen. Wertvolle Erinnerungs=stücke aus diesen Kämpfen, u. a. die Aufforderung des russischen Kommandanten zur Übergabe, Parlamentärfahne usw. liegen in der Vaterländischen Gedenkhalle, die sich im Schloß befindet und die wir noch ausführlich schildern wollen. Hier aber empfehlen wir ihren Besuch schon auf das dringendste. (S. S. 16.)

Lötzen und seine Feste hat dann noch einmal im Winter 1914/15 die Schützengrabenfront, die östlich des Buwelno=Sees, des Löwentinsees und längs der Angerapp verlief, wirksam stützen können. Nach der Winterschlacht in Masuren, (Februar

1915) hatte unſere Stadt dann die große Ehre, die größten Feldherren des Weltkrieges Monate hindurch zu beherbergen. Hindenburg und Ludendorff wohnten im Hindenburg=Ludendorff=Haus in der Bahnhofſtraße und hatten ihr Hauptquartier im Hauſe des Kaufmanns Jacoby, in einem großen, roten, ſofort auffallenden Geſchäftshaus in der Lycker Straße, aufgeſchlagen. Dort beſuchte ſie auch der Großadmiral v. Tirpitz, der in ſeinem erſten Buche der Stadt Lötzen folgende ausgezeichnete Worte gewidmet hat («Erinnerungen», S. 494, am 14. Auguſt 1915):

«Es war doch eine Herzenserquickung mit dieſen Leuten (eine Geſellſchaft von Brüdern, wie Hindenbu g ſagte) einen vollen Tag zuſammen zu ſein. Heute morgen von 8—9,30 machte ich einen herrlichen Spaziergang mit Hindenburg. Das Seengebiet mit ſeinen ſchönen Wäldern, ſeinem welligen, fruchtbaren Boden, den Seen, die in der Abendſonne wie Opal glänzten, und am Morgen wie Silberfluten, zeigte ſich wirklich in entzückender Schönheit, die Luft von einer herben Kraft und jetzt noch nicht kalt.»

4. Größe und Verwaltung. Lötzen iſt Kreisſtadt des Regierungs=Bezirks Allenſtein, Provinz Oſtpreußen, und hat ca. 11 000 Einwohner. In Lötzen befinden ſich alle für die Verwaltung des Kreiſes nötigen Behörden, vier Filialen bezw. Nebenſtellen der großen Banken, ein humaniſtiſches Gymnaſium, ein Lyceum, eine landwirtſchaftliche Winterſchule, eine Knaben= und eine Mädchenvolksſchule, ein Waſſerbauamt und bekommt gegenwärtig noch eine Fiſcherei=ſchule. — Die Garniſon beſteht aus dem 3. Bataillon des 2. Infanterie=Regiments. Eine großartige ſoziale Bedeutung als Krankenhaus und als Diakoniſſen=Mutterhaus für den geſamten Süden Oſtpreußens hat das Haus Bethanien, eine Tochteranſtalt des Hauſes der Barmherzigkeit in Königsberg, ein ſchöner Bau und ein impoſantes Unternehmen, am Ende der aus der Stadt nach Oſten führenden Lycker Straße. Zu einem intereſſanten Behördenviertel wächſt ſich gegenwärtig der nördliche Teil der Angerburger Straße aus, wo man in imponierender Nachbarſchaft das Gymnaſium, das Kreishaus, die neue Poſt, das Verſorgungsamt, eine gut gelegene Kaſerne und ein paar ſchmucke Beamtenhäuſer findet.

5. Sehenswürdigkeiten. Wenn wir in Lötzen Sehenswürdigkeiten zeigen ſollen, ſo würden wir immer in unſere herrliche Natur weiſen müſſen; dort iſt alles des Sehens würdig; inbezug auf Menſchenwerke haben wir beſcheidener zu ſein. Unſere Kirche iſt im Jahre 1822 nach Plänen Schinkels als Baſilika gebaut und zeigt, daß Schinkel auch kleine Bauten ſchön meiſterte. Sie iſt 1881 einer gründlichen Erneuerung unterzogen worden und gefällt durch ihren »Einladenden Christus« von Pfannenschmid und die großzügig getäfelte Decke. Sie liegt an dem sauber angelegten, schön bepflanzten Markt, den ein Kriegerdenkmal zur Erinnerung an die Bismarckschen Kriege und die Abstimmungseiche zu stolzem Gedenken an den gewaltigen deutschen Abstimmungssieg von 1920 schmücken. Im Stadtbild, das aus der Ferne betrachtet wird, fehlt der Kirche ein schmucker hoher Turm, der allerdings in Schinkels gediegene Schlichtheit schwer hineinzufügen wäre!

Die Liebe der Bürger zum Schmucke der Stadt und ihre Pietät gegenüber der Geschichte beweisen das Denkmal für die gefallenen Kameraden der Maschinengewehr-Abteilung 5 auf dem Kasladkplatz an der nördlich vom Markt abgehenden Angerburger Straße, das Denkmal für die Gefallenen der Festungsbesatzung Boyen vor dem Schloß, vom Ende der westlich vom Markt abgehenden Königsberger Straße aus erreichbar, und das Denkmal für die Kameraden des Feldartillerie-Regiments 82 am großen Karpfenteich im Stadtwald (S. S. 21), im tiefen Waldesfrieden eine wundervoll geweihte Stätte. Wer pietätvoll toter Helden gedenken will, wandere vom Markt aus westwärts die Königsberger Straße und die Rastenburger Chaussee entlang, dann erreicht er in 15 Minuten den schön am Festungsteich gelegenen Garnisonfriedhof! Auch der Gemeindefriedhof — ein alter schöner Park, der an der Ecke Lycker Straße-Bahnhofstraße beginnt, hat einen gepflegten Heldenfriedhof.

Ein Menschenwerk aber können wir stolz nennen: Das ist

6. Die Vaterländische Gedenkhalle.

Von General Busse begründet, vom Studienrat Meye, dem wissenschaftlichen Leiter, am meisten gefördert, stellt sie das erste Heimat-, Kriegs- und Geschichtsmuseum des Südens unserer Provinz dar und ist auch nach der Begründung anderer Heimatmuseen der Provinz die reichste Sammlung geblieben. Sie ist von 9 bis 12 und 2 bis 5 Uhr geöffnet. Die Begründung dieser Sammlung wurde durch die beim Bau einer Feldbahn im Jahre 1915 auf dem Westufer des Saitensees zwischen Bogatzewen und der Kulla-Brücke zufällig gemachte Entdeckung eines altpreußischen Gräberfeldes aus dem ersten bis fünften Jahrhundert nach Christo angeregt und ist durch den damals in Lötzen wohnenden Generaloberſten von Hindenburg weitgehendst gefördert worden. Der Gutsbesitzer Quassowski-Bogatzewen stellte gern das ihm gehörende Land zur Verfügung und der als Soldat in Lötzen weilende Bergrat Heß von Wichdorf, der durch seine geologischen Landesaufnahmen im Osten Deutschlands weit bekannt ist, leitete mit feinstem Sachverständnis die Ausgrabungen und half die Sammlung bergen. Von den 443 vorhandenen konnten fast 80 Urnen mit reichhaltigem Inhalt an Fibeln, Ketten, Waffen usw. vollständig in dia Sammlung gebracht werden. Neben den zahlreichen Andenken aus dem Weltkrieg verdient noch ein prächtiges Wikinger Schwert, das im Spirdingsee gefunden worden ist, gründlichste Beachtung.*) — In der Gedenkhalle befindet sich auch ein interessantes historisches Dokument aus dem Weltkrieg. Es ist uns gelungen, seinen Abdruck hier zu ermöglichen,

7. Der Aufenthalt (Gasthäuser und Jugendherberge).

Aus der Schilderung der Verhältnisse der Stadt geht schon hervor, daß in Lötzen eine Bevölkerung lebt, die erfüllt ist von tiefer Ehrfurcht vor der Geschichte und von heißer Liebe zu Natur und Schönheit. Bei einer solchen Bevölkerung Gast zu sein, ist sicher ein Genuß. Fünf Gasthäuser und ein Kurhaus mit einem Saal, wie er in Südostpreußen nicht zweimal vorhanden ist, können Gäste aufnehmen, und unsere Jugendherberge (für Knaben eine Holzbaracke, die auf Althofer Gelände liegt, das von der Königsberger Straße [westliche Richtung vom Markt aus] am besten zu erreichen ist, und für Mädchen ein Raum in der Mädchen-Volksschule neben der Kirche), deren Leiterstelle sich bei Lehrer Kaukel, Th. O. Becker-Straße (Villa Motzkau)**) befindet, konnten im Sommer 1924 über 800 Jugendliche beherbergen. Eine solche Zahl ist uns, die wir für unsere Stadt werben, herrlicher Dank und große Freude, haben wir doch alle unser Heimatland so lieb, wie unser Dichter Otto Borries, wenn er sagt:

Still grünende Felder an blinkenden Seen;
Süß duftende Wälder und sonnige Höhn;
Die Herzen so treu und werkfroh die Hand,
Hoch lebe Masuren, mein Heimatland!

(Die Lötzener Jugendherbergen stehen aber nur vom 1. 4. bis 1. 11. zur Verfügung.)

8. Der Sport.

Ich kenne keine ostpreußische Kleinstadt, in welcher zu allen Jahreszeiten ein so vielseitiges und reges sportliches Leben vorhanden ist wie in Lötzen, und auch die Mittel- und Großstädte des deutschen Ostens haben allen Grund auf die Sporteignung der Lötzener Landschaft mit Neid zu blicken. Leider haben die Behörden die Landschaft für die

*) Die Altpreussische Gräberstätte ist von der noch zu besprechenden Dampferroute aus beobachtbar und wird vom Kapitän E Riech gern gezeigt.

**) Wir empfehlen in jedem Falle, sich den Weg zur Herberge zeigen zu lassen.

Hochziele des deutschen Sportes erst in jüngster Zeit auszunutzen begonnen: Zwischen dem Schloßpark und dem Ludendorffpark entsteht ein großer Sportplatz für Leichtathletik und volkstümliche Spiele. Man findet ihn, wenn man aus der Stadt heraus westwärts über den Schiffartskanal wandert und unmittelbar nach Überschreiten der Brücke am Schloß südwärts abbiegt. So kommt man auf eine Festungschaussee, die parallel zu einer Eisenbahnstrecke nach Willkassen führt. Dort finden wir das Lötzener Sportviertel. Es existieren nämlich in der Stadt mit 11 000 Einwohnern: Der Sportverein Lötzen (eine Leichtathletik=Mannschaft und vier Fußball=Mannschaften, eine Schwimm=Mannschaft); der Radfahrer=Verein Lötzen, der Radfahrer=Verein «Solidarität», der Segelklub Masovia, dem Mitglieder angehören, die zusammen etwa 30 Segelboote besitzen, — man stelle sich das Seebild danach vor —; der durch den verdienstvollen Erforscher unserer Heimatgeschichte Prof. Dr. Ed. Schmidt schon im Jahre 1897 begründete Gymnasial=Ruderclub, der Ruderclub Lötzen, — der Tennisclub Lötzen u. a. Für den Wassersport ist Lötzen natürlich ganz besonders geeignet. Für das Segeln gibt es große freie Flächen, — für das Rudern lange strömungslose Strecken; daher werden auch die großen ostpreußischen Segel= und Ruderregatten in Lötzen abgehalten. Nicht nur die Lötzener, sondern auch viele zu Sportzwecken hergereiste Fremde nutzen diese Sportgelegenheiten freudig aus. So haben sich in Lötzen auch mehrere Bootswerften entwickeln können, die einzigen außerhalb Königsbergs in der Provinz, eine am Schiffartskanal nördlich von der Stadtbrücke, eine andere an der Kanalmündung, eine dritte am Mauersee. — Badegelegenheit ist in allen Lötzen umgebenden Seen vorhanden; besonders bequem aber badet man in der mit Sandstrand versehenen und ganz modern gebauten, auch äußerlich ganz wirksamen städtischen Badeanstalt am Löwentinsee.

Wer aber das Massenbad im Freien liebt, der wandere nach «Klein=Rauschen» am Mauersee, — dort hat sich mit amerikanischer Geschwindigkeit in einem einzigen Sommer der Brennpunkt eines nach Hunderten zählenden Badepublikums entwickelt. Man findet diese Badestelle am leichtesten, wenn man den Schiffartskanal nordwärts bis zum Mauersee entlang und dann das Mauerseeufer westwärts wandert! Auch das wellige Ufer des Mauersees in dieser Gegend, das während des Krieges wichtige Feldstellungen der Festung trug, ist schön und interessant!

Und im Winter? Wo sieht man im deutschen Osten — außer auf Haff und Meer — segelnde Schlittschuhläufer, wo segelnde Schlitten, die bei gutem Winde und Eis 1 km in einer Minute sausen; die 7 km lange und fast ebenso breite Fläche des Löwentinsees, die fast in jedem Winter zufriert, zeigt bei gutem Eise herrliches Leben und Treiben. In der Hügellandschaft zwischen Festung und Mauersee trifft man zahlreiche Schneeschuhläufer. Auch ist das Gelände des Stadtwaldes für das Schneeschuhlaufen reizvoll.

9. Lötzen als Tagungsstadt.

Das Jahr 1924 zeigte es besonders, daß Lötzen geeignet ist, Stimmungen für Tagungen und Feste zu schaffen, war doch den Sommer hindurch kaum ein Sonntag in Lötzen vergangen, an dem nicht eine größere Bundestagung stattgefunden hätte. Außer den vielen Heldengedenkfeiern der Lötzener selbst und ihren Bannerweihen erwähne ich nur das V. Gausängerfest des Masurischen Gausängerbundes, das 39. Gau-Turn- und Schwimmfest des IV. Ostpreußischen Mittelgaus, die 27. Ostpreußische Provinzial-Feuerwehrtagung, die Tagung während der Wanderfahrt des Bundes Deutscher Radfahrer, die Grenztagung der Reichszentrale für Heimatdienst, den Spielabend Deutsch-Österreichischer Jugend u. a. und alljährlich finden ähnliche Tagungen statt. Sie alle rühmen die Gastfreundschaft der Lötzener und die Schönheit ihrer Stadt und der Landschaft. (Es sei an dieser Stelle dankbar erwähnt, daß das Heeres-Unterkunftsamt schon häufig mit sehr billigen Unterkunftsräumen bei größeren Tagungen geholfen hat.)

10. Spaziergänge innerhalb der 6 km-Entfernung.

Das Schöne im Typischen Masurens finden wir schon in der allernächsten Umgebung Lötzens zusammengedrängt: Liebliche Seebilder im Westen der Stadt, — waldgekrönte Höhen in ihrem Norden, — möwenumflatterte Wasserweiten in ihrem Süden.

a) Wir wandern vom Markt aus westwärts, passieren in fünf Minuten die Schiffahrtsbrücke und stehen am Schloß. Von dort aus führt ein Fußgängerweg südwärts um das Schloß herum, wir finden das Segelclubhaus und das Bootshaus des Rudervereins mit den Tennisplätzen. Wir wenden uns dann wieder westwärts, gehen den Ludendorff-Park entlang und stehen nach zehn Minuten am Fuße des Festungswalles, — den an dieser Stelle zu besteigen etwas mühselig aber außerordentlich lohnend ist, weil von dort aus die Stadt und der Löwentinsee herrlich übersehbar sind. Es gibt Leute, die dieses mächtige, mit kahlen hügeligen Ufern versehene 25 qkm große Seebild nicht masurisch, sondern «bodenseeartig» nennen wollen. Es liegt auch wirklich etwas Armut an Lieblichkeit, etwas tragische Leere, etwas vom Wassergrab zu vieler Ertrunkenen in seinem Blick. Dafür aber ist es königlich stolz und dieser Stolz verstärkt sich durch die stolze Position unseres Beobachtungspunktes, des Festungswalles: die Brust spürt den köstlichen Atem labender Höhenluft und möchte stürmen und stürmen. Doch da beruhigt uns plötzlich ein anderer Blick: Wir sind den Wall westwärts gewandert, schauten rechts unter uns die spitzen Palissaden und sehen plötzlich neben einem Birkenhain am Ufer des Sees auf einer Anhöhe ein großes schwarzes Kreuz! Ein Mal für Ertrunkene oder gefallene Krieger? Wir eilen dorthin.

Es ist der Tafelberg mit dem St. Bruno-Kreuz, das folgende Inschrift trägt: «Dem kühnen deutschen Missionar, der als erster Vorkämpfer in Masuren mit 18 Gefährten am 9. März 1009 für Christum und sein Reich den Märtyrertod erlitten hat, dem Edlen Brun von Querfurt zum ehrenden Gedächtnis. — Die evangelische Kirche Lötzen 1910.» Wir denken an das Adalberts-Kreuz in Tenkitten im Samland, und fühlen uns einen Augenblick eingeschaltet in das Weben eines Jahrtausends!

b) Wir können umkehren oder uns nordwärts wenden, um zum großen Festungsteich zu gelangen, der in fünf Minuten erreichbar ist und den wir bei einem anderen Spaziergang auch vom Schloß aus die an seiner Nordseite führende Rastenburger Chaussee entlang hätten erreichen können. Setzen wir unsern Spaziergang vom Tafelberg aus fort, so lassen wir die Rafalker Haselnußgründe links liegen und haben bald von der Rastenburger Chaussee aus den Blick über den Großen Festungsteich zum Südteil des Mauersees, dem Kissain-See, ein Bild voller Anmut und Lieblichkeit.

Noch lieblicher wird das Bild, wenn wir das Ufer des Teiches lang bis zu der gegenüber erkennbaren Brücke gehen, an der ein den Teich mit dem Kissainsee verbindender Kanal beginnt, der von Mummeln geschmückt, von Ellern und Weiden so überdacht ist, daß man unter ihm wie unter einem Laubdach im Boot träumend dahingleiten kann. Steigt man aus diesem schweigenden Tal auf die Berge hinauf und sucht sich dort den höchsten Punkt, dann steht man etwa **150** m über dem Meeresspiegel und schaut Masuren: Bewaldete Seen über und nebeneinander, sieben Seen bezw. Seenteile! Und zwischen dem Tayta- und Kissainsee liegt das Gut Schönberg, hinter ihm der Schloßberg, die Residenz des sagenhaften Galindierfürsten Isegub, die heute allerdings auch in einer von Heß v. Wichdorf im Herbst 1923 auf der Südseite des Löwentinsees entdeckten Burg vermutet wird. — Das Gut Schönberg hat einige freundliche Gastzimmer eingerichtet, die nach Vereinbarung gemietet werden können.

Aus den Bergen am Mauersee stadtwärts wandernd, überschreiten wir in der Nähe der einsam liegenden Schreiberschen Werft für Boote und Segeljachten die Kanalbrücke und gehen auf der anderen Seite des Lötzener Kanals stadtwärts. So kommen wir an einem Granitblock mit Medaillon vorbei, dem Dewischeit=Denkmal. Dewischeit hat das Lied: «Wild flutet der See», dessen Original=Manuskript sich in der Vaterländischen Gedenkhalle befindet und das das einzige masurische National= und Volkslied geworden ist, gedichtet. Seine Wellen=, Wind= und Waldrhythmen tragen die Worte:

Des Masuren Wanderlied.

Wild flutet der See,
Drauf schaukelt der Fischer im schwebenden Kahn;
Schaum wälzt er wie Schnee
Von grausiger Mitte zum Ufer hinan.
Wild fluten die Wellen auf Vaterlands Seen, wie schön!
O tragt mich auf Spiegeln zu Hügeln, Masovias Seen!
O Heimatland, Masovias Strand,
Masovia lebe, mein Vaterland!
O Heimatland, Masovias Strand,
Masovia lebe, mein Vaterland!

Wild brauset der Hain,
Dort spähet der Schütze des Wildes Spur,
Kühn dringt er hinein!
Durchwandelt die Wälder, die Täler, die Flur.
Ihr schwebenden Wolken,
Gedenket doch mein am Hain!
O führt mich durch Wälder und Felder zur Heimat ein.
:,: Der Jugend Hain, der Seen Strand,
Masovia lebe, mein Vaterland! :,:

Tal, Hügel und Hain!
Dort wehen die Lüfte so frei, so kühn;
Möcht' immer da sein,
Wo Söhne des Vaterlands kräftig erblühn,
Dort ziehen die Höh'n
In des Nebels Grau, o schau!
Hold lächelt auf Seen
Und Höhen des Himmels Blau.
:,: Die Wälder, die Seen, der Berge Sand,
Masovia lebe, mein Vaterland! :,:

c) Zum Stadtwald führen uns drei verschiedene Wege. Alle beginnen am Ende der nördlich vom Markt abgehenden Angerburger Straße, an der das Gymnasium, das Kreishaus, sowie die katholische St. Bruno=Kapelle liegen. Der erste Weg geht von der Angerburger Straße gleich hinter dem Kreishaus in nordöstlicher Richtung ab und ist eine schön bepflanzte, schattige, mit Ruhebänken versehene Allee, die, vom Markt gerechnet, etwa 3½ km lang ist und auf dem mit einem gut eingerichteten Gasthaus versehenen Schützenplatz endigt, der idyllisch im Tannenhochwald an zwei von Schwänen belebten Karpfenteichen gelegen ist. Dort ist auch Unterkunft in soliden Fremdenzimmern möglich. Der Schützenplatz selbst ist mit seinen zwanzig Schießständen, die im Jahre 1926 angelegt worden sind, eine Sehenswürdigkeit. Der andere führt uns die Angerburger Chaussee entlang, die an zahlreichen Siedlungen vorbei nach 3 km langer bepflanzter Strecke im Hochwald endigt und auf dem kürzesten Wege zu dem etwa 600 m vom Südrand des Waldes entfernt liegenden Gasthaus Waldschlößchen endet, von dem der Nordrand des Waldes nur etwa 300 m entfernt ist; von diesem aus kann man das Dorf Spiergsten sehen.

Der dritte Weg endlich, kahl aber mit herrlichen Blicken über die Stadt und den Löwentinsee, ist der Kammweg, der etwa 600 m hinter der an der Angerburger Straße groß angelegten Kaserne nördlich von der Angerburger Chaussee abgeht und auf dem kürzesten Wege zu der Stelle im Stadtwald führt, auf welcher der einen der schönsten und weitesten Rundblick bietende Aussichtsturm Wilhelmshöhe gestanden hat, der bei Beginn des Krieges niedergelegt werden mußte. Von dort aus kann man ostwärts durch den Wald gehen, gelangt auf die Chaussee und hat nun die Möglichkeit, auf drei verschieden gearteten Wegen zum Schützenplatz zu gelangen: Tal-Weg (blau-weiße Wegweiser), Höhenweg (weiße Wegweiser) und der Mittelweg, der an der Waldandacht vorbeiführt (rot-weiße Wegweiser). Der Stadtwald ist ein dichter Mischwald aus Tannen-, Kiefer- und Laubbäumen.

d) Wer ohne weit zu wandern, am Rande des Sees in würziger, frischer Luft ruhig sitzen will, der wandere durch die vom Markt südwärts führende Wasserstraße, die gegenwärtig neu bebaut wird, zum Ufer des Löwentinsees; er stößt, nachdem er einen Weg von ca. 400 m zurückgelegt hat, auf das Bootshaus des Gymnasial-Rudervereins, an welchem die vom Vorsitzenden des Lötzener Verschönerungsvereins geschaffene und gepflegte Seepromenade beginnt, an der zahlreiche Ruhebänke stehen. Dort flattern die Möwen — dort singen die Vögel, dort könnte unser Lötzener Bürger Otto Borries seinen Vers geschrieben haben:

Es singen die Vögel, es flüstert der Hain;
Es rauschet die Quelle vom moosigen Stein;
Es brauset die Woge, die brandend zersprüht:
So singt mein Masuren sein ewiges Lied.

D. Von Lötzen durch Masuren.

I. Wasserreisen.

1. Geschichte der masurischen Wasserstraße.

Der um die Heimatgeschichte Masurens außerordentlich verdiente Geheimrat Professor Dr. Fr. Ed. Schmidt, dem alle wissenschaftlichen Heimatfreunde auch nun nach seinem Tode ein ehrenvolles Andenken bewahren werden, hat auch die Geschichte der masurischen Wasserstraße erforscht. Wir entnehmen seiner Darstellung folgende Tatsachen*). Schon im Jahre 1379 ist der Hochmeister Winrich von Kniprode von der Burg Rhein zu Wasser nach der Johannisburg und von dort durch Pissek, Narew, Bug und Weichsel nach Thorn gefahren. In den Jahren 1681, 1701 und 1703 und 1726 tauchten Pläne auf, die masurischen Seen auch untereinander und nach Norden mit Königsberg zu verbinden. Aber erst nachdem die russische Besetzung in den Jahren 1758 bis 1762 den Königsbergern den Holzmangel durch Zerstörung ganzer Nadelholzwaldungen im Samland besonders bewußt gemacht hatte, gelang es dem Präsidenten der Kammern in Königsberg und Gumbinnen Domhardt, den König Friedrich den Großen zur Verwirklichung jener Pläne zu drängen, und 1768 waren die Kanäle zwischen dem Talter=Gewässer und dem Mauersee — auch der Lötzener Kanal — fertig, so daß 1766 das erste Holz von Rhein nach Angerburg geflößt werden konnte. Diese Fürsorge aber schlief ein, als die Angerapp sich für das Flößen als sehr wenig geeignet erwies, und auch die ganze Wasserstraße durch unregelmäßigen Wasserstand immer unpassierbarer wurde.

Erst im Jahre 1844 beauftragte Friedrich Wilhelm IV. den Wasserbauinspektor Gerosch aus Tilsit mit dem Ausbau der Wasserstraßen, die im Jahre 1849 von Angerburg bis Johannisburg fertig wurden, aber in den Jahren 1854/55 noch weiter ausgebaut werden mußten, so daß erst im Jahre 1856 der Dampfer Masovia von der Weichsel durch Bug und Narew bis nach Angerburg dampfen konnte. In den siebziger Jahren befuhren die Dampfer «Kruppa» und «Franz», der heute noch in Holzfrachtdienst steht, die masurische Wasserstraße innerhalb Preußens.

Die Kanalisierung der Seen ist auch von großer wirtschaftlicher Bedeutung, ermöglicht sie doch eine Regelung des Wasser=

*) Dr. Fr. Ed. Schmidt, Lötzen: Die Masurische Wasserstrasse. „Königsberger Hartungsche Zeitung", Nr. 253, Blatt 4.

standes*). An den masurischen Seen liegen nämlich 17000 ha Wiesen, von denen 7500 ha durch Hochwasser geschädigt werden können. Da nun von Angerapp und Pissek nur 62 cbm Wasser in der Sekunde abgeführt werden können, während durch einen Landregen oder die Schneeschmelze etwa 100 cbm Wasser den Seen zugeführt werden kann, — ist im Jahre 1906 die Angerburger Mühle zum Wehr umgewandelt worden, während im Süden der Seen dem Pissek zu das Jeglinner Wehr 1909 gebaut wurde. Diese Regelung genügt aber noch nicht, so daß im Zusammenhang mit dem 1908 genehmigten Bau des großen Masurischen Schiffahrtskanals zum Pregel die Nebenseen in die Wehrorganisation hereingezogen werden sollen, um das Wasser beliebig zu stauen bezw. abfließen lassen zu können. —

2. Die Masurische Dampferkompagnie Lötzen. Ein Land, dessen wesentlicher Charakter in seinen zahlreichen hügelig umwaldeten Seen liegt, kann am besten von seinen Seen aus erkannt und genossen werden. Daher regte sich schon in den siebziger Jahren des vorigen Jahrhunderts in Lötzen der Wunsch, die Seen den Reisenden zu öffnen. Aber erst dem Unternehmermut der im Vorwort erwähnten Männer gelang es im Jahre 1891 die erste Fahrt der «Gesellschaft zur Erleichterung des Personenverkehrs auf den masurischen Seen» zu unternehmen, und die erprobten Seeerfahrungen des noch heute persönlich die Dampfer steuernden Kapitäns E. Riech erreichten das Ziel dann endgültig, die Seen dem Verkehr anzuschließen. Nun hat die Masurische Dampferkompapnie 30 und mehr Jahre mit zäher Energie durchgehalten, sie hatte schwer um ihr Dasein zu ringen, aber sie hat sich durchgesetzt.

Fahrzeuge: Der Masurischen Dampfer-Kompagnie stehen drei 190, 100 und 70 Personen fassende Dampfschiffe, — sowie ein ca. 100 Personen fassendes modernstes Motorboot zur Verfügung. Es ist eine anzuerkennende Eigenart unseres Kapitäns, daß jeder Winter zu gründlichster Renovation der Personendampfer ausgenutzt wird, so daß es große Freude macht, die frisch gestrichenen, peinlichst sauberen mit einer guten Ökonomie, mit Deck und Kajüte versehenen schmucken Dampfschiffe zu benutzen. Die drei hier besprochenen Dampfer heißen «Löwentin, Möwe, Barbara», das Motorboot trägt den Namen «Hans Werner».

Die Geschäftsstelle der Dampferkompagnie befindet sich in der Königsberger Straße Nr. 5, ihr gegenüber liegt im Hause Nr. 30 (Gorny) ihre Auskunftsstelle.

*) Man lese darüber auch: August Ambrassat: Die Provinz Ostpreussen, Bons Verlag, Königsberg Pr., 1912, Seite 111 ff.

3. Fahrtzeiten und nähere Umstände.

Nicht dringend genug zu betonende erste Voraussetzung für das Gelingen jeden Reiseunternehmens ist die dauernde Orientierung des Reisenden in dem in jedem Jahre neu erscheinenden Sommerfahrplan der Dampferkompagnie. Fahrpläne werden von der Dampferkompagnie allen Verkehrsvereinen und Reisebüros in Königsberg, Danzig, Stettin, Berlin, Hamburg, Frankfurt a. M., München, Dresden, Leipzig, Breslau, Elbing, Allenstein, Insterburg, Tilsit in jedem Jahr zur Verfügung gestellt. Außerdem können sie jederzeit von der Geschäftsstelle der Dampferkompagnie in Lötzen (siehe S. 20) angefordert werden.

Genaue Fahrtzeiten anzugeben, können wir nicht zu den Aufgaben eines Reiseführers rechnen, — muß doch ein Reiseführer gewöhnlich für einige Jahre geschrieben werden, während Fahrpläne häufiger geändert werden; was weniger für die Dampferpläne als für die Eisenbahnpläne gilt. Im Interesse des Reisenden müssen wir daher auf Angabe genauer Zahlen verzichten. Degegen sind wir infolge der sehr exakten Arbeit und Organisation der Dampferkompagnie in der Lage, allgemeine Zeiten anzugeben:

Die Reisenden können mit Bestimmtheit annehmen, daß die Dampferkompagnie bestrebt ist, ihre Fahrtzeiten günstig an die Fahrtzeiten der Züge anzuschließen;

Die Dampfer fahren nur in der Zeit von Mitte Mai bis Mitte September;

Die Dampfer gehen nicht an allen Tagen der Woche;

Die Dampfer fahren mit Bestimmtheit in der Richtung nach Rudczanny am Sonntag und Montag, Mittwoch und Donnerstag jeder Woche;

Regelmäßigen Dampferverkehr führt der Dampfer «Barbara» zwischen Nikolaiken und Rudczanny täglich aus. (Siehe Fahrplan!)

Die Dampfer fahren Sonntags zweimal hin und zurück nach Steinort-Upalten;

Jeden Sonntag fährt ein Motorboot*) morgens von Angerburg nach Lötzen und abends zurück, was für die Reisenden aus der Richtung Gumbinnen von großer Bedeutung ist;

In der Hauptsaison (1. Juli bis 15. August) werden auch noch an andern Wochentagen Fahrten sowohl nach Rudczanny wie nach Upalten eingelegt;

---

*) Der Verkehr zwischen Lötzen und Angerburg wird in der Hauptsache von der Angerburger Motorbootsges. besorgt, die ihre eigenen Fahrpläne hat. Die Lötzener Dampfer fahren aber wie bisher bis Upalten.

Die Dampferkompagnie ist bestrebt, Zuganschlüsse auch in Nikolaiken für die Reisenden aus der Richtung Lyck-Arys und aus der Richtung Sensburg zu berücksichtigen (siehe immer Fahrplan!).

Es ist mit Wahrscheinlichkeit anzunehmen, daß die Eisenbahndirektion Königsberg einen Zug Königsberg—Lötzen in der Hochsaison für die Sonntage bestimmt und für die Wochentage wahrscheinlich einlegen wird, der so in Lötzen eintreffen soll, daß er den im allgemeinen um 8 Uhr nach Rudczanny gehenden Dampfer in Lötzen erreicht, wie es 1925/26 bereits der Fall gewesen ist.

Die Dampfer-Abfahrtstelle für die Richtung Nikolaiken-Rudczanny befindet sich an der Kanalmündung am Löwentinsee in der Nähe der Badeanstalt. (Man versuche vom Markt aus südwärts das Ufer des Löwentinsees zu erreichen und gehe dieses westwärts! Vom Bahnhof aus wandere man nach Westen, immer die Bahnstrecke (Schwarzer Weg) entlang, bis man die große Badeanstalt sieht!

Die Dampfer-Abfahrtstelle für die Richtung Steinort-Upalten-Angerburg befindet sich am Kanal in der Nähe der Schiffahrtsbrücke, am Schloß. (Man wandere vom Markt aus nach Westen, die Königsberger Straße entlang, diese endet an der Schiffahrtsbrücke, von der aus der Dampfer zu sehen ist!) Vom Bahnhof aus wandere man nach Westen, immer die Bahnstrecke entlang bis zum Kanal und gehe dann diesen entlang nach Norden, dann kommt man an die Schiffahrtsbrücke, von der aus der Dampfer zu sehen ist! Beide Dampferabfahrtstellen, die ja nicht weit voneinander liegen, erreicht man in ca. 15 Minuten vom Bahnhof aus.

Für alle Reisenden empfehlen wir größte Pünktlichkeit, weil die Dampfer nach genauestem Zeitplan an den verschiedenen Stationen sein müssen und auch immer sind, wenn nicht höhere Gewalten eingreifen, was hier aber kaum zu erwarten ist.

4. Fahrtwege, -stationen und -ziele:

Richtung Nikolaiken—Rudczanny

(80 km, Fahrt 5½ Stunden)

a) *Vom Löwentinsee bis zum Talter Gewässer.* Der Bug des im Kanal liegenden schmucken Dampfers »Löwentin« (190 Personen fassend) ist südwärts gerichtet. Von ihm aus freuen wir uns über das sportstolze Bild, das der Hafen des Segelklubs mit den vielen Segelbooten bietet. Der Löwentinsee liegt spiegelblank, voller Segel und Möwen vor ihm. Das klare Wasser wird von dem Schraubendampfer scharf geschnitten,

Bald genießen wir das schon oft erwähnte herrliche Panorama der breit gelagerten Stadt von der Mitte des Sees, erkennen links das grüne Wallprofil der Feste Boyen, links die schmucken Ruder- und Segelhäuser und noch etwas weiter links: das Bruno-Kreuz. Auf derselben Seite passieren wir bald das ein wenig bewaldete Uferstück, das Strzelzer Ufer*), hinter dem das Gut Strzelzen sichtbar wird. Etwa in dieser Höhe zieht sich quer durch den See von Osten nach Westen eine Barre, die nur 7 m unter dem Seespiegel liegt, so daß, wenn sich der See nur um 8 m senken würde, er in zwei Becken zerfallen würde.

Die weite Fläche des Sees wird nur durch die in seinem östlichen Teil gelegene Insel Graywen unterbrochen, die durch böigen Luftströmungswechsel den Seglern häufig schon gefährlich geworden ist. Nachdem wir in den engeren Saitensee eingefahren sind, erblicken wir ein Dorfkirchlein, dessen Turm auch schon von Lötzen beobachtet werden konnte: Rydzewen. Rydzewen ist schon im 16. Jahrhundert Kirchdorf gewesen und muß zusammen mit dem gegenüber zerstreut liegenden Bogatzewen schon altpreußische Siedlung gewesen sein, was auch die auf der Bogatzewer Seite etwa 800 m hinter dem Dorf liegende Kiefernwald tragende Anhöhe mit ihren historischen Funden bezeugt (s. S. 13). Auf der Rydzewer Uferecke steht ein liebevoll gebauter kleiner Tempel, der zur Erinnerung an die großen Ereignisse des Weltkrieges von der Rydzewer Gemeinde errichtet worden ist. Ganz Rydzewen ist ein Kriegsdenkmal: Es ist aus den Ruinen völlig neu erstanden. In Rydzewen hält der Dampfer einige Minuten. Durch den Kulla-Kanal, an dem sich wichtige Bastionen gegen die Umgehung der Feste Boyen befanden (s. S. 11 u. S. 44), gelangen wir in den Jagodner-See, auf dessen rechter Seite das Dorf Salpia, auf dessen linker Seite das Gut Kl. Jagodnen liegt. Durch den Gr. Hensel-See, fahren wir auf die neuerbaute Kirche von Schimonken zu. Das größtenteils aus Kriegsruinen neu erstandene lange Dorf bleibt links etwas abseits liegen; wir halten im Schimonker Kanal, der uns zum Gr. Schimon-See führt, aus dem heraus wir durch den Mniodunsker Kanal in den Gr. Kotteck-See gelangen. Hinter der Schimonker Brücke ist die Leitung der ostpreußischen Überlandzentrale über den Kanal geführt worden, die von der Friedländer Allestauung aus die Elektrisierung der Provinz — insbesondere des Landes — zu organisieren beginnt.

Die See- und Kanallandschaft, die wir nun durchfuhren, hat gewiß keine überwältigenden Reize. Immerhin läßt der

---

*) Alle Bemühungen des Vorsitzenden des Lötzener Verschönerungsvereins, das ganze Löwentinsee-Ufer zu bepflanzen sind leider bisher erfolglos geblieben.

die Schilfbestände des Ufers unter Wasser zwingende Dampferstrom, die lieblichen Birkenreihen, die das Ufer begleiten, der Blick über die moorigen Wiesen und leider, leider auch der Wettlauf bettelnder Landkinder die Fahrt nicht langweilig werden.

In dem Ufer=Dickicht erkennt man hier und da noch die Stacheldrahtverhaue der Kriegszeit, die heute in gewissem Sinne Uferschutz darstellen. An der Stelle, an der eine größere Chaussee (Nikolaiken—Rhein) den hinter dem Kotteck=See beginnenden Grünwalder Kanal überquert, liegt das Gut Grünwalde, an dem wir zum letzten Mal vor dem «masurischen Venedig», Nikolaiken halten. Wir durchqueren nun nur noch den Taltowisko=See und fahren durch den Talter=Kanal in das Talter=Gewässer ein. Dieses ist ein langes an vielen Stellen über 40 m tiefes Eiszeit=Tal mit so klarem Wasser, daß die nur in klarsten Bergseen noch vorkommende Maräne dort leben kann. Nun legt unser Kapitän den Bug des Dampfers bald ganz südwärts herum. Würden wir in den nördlichen Teil des Taltergewässers fahren, so kämen wir sehr bald zu einem interessanten alten Städtchen Rhein, das wir uns aber von Lötzen aus auf einer anderen Wanderung näher betrachten wollen (s. S. 52) und das vom Taltowisko=See aus in nördlicher Richtung zu sehen ist. Das Dorf Schaden lassen wir rechts, das Dorf Talten links liegen. Nachdem wir die 155 m hohe Kaisernhöhe (Olszowirog=Ellernecke) passiert haben, sehen wir den schlanken schönen Kirchturm des Städtchens Nikolaiken, der schon bei der Hinfahrt in das Talter Gewässer zu beobachten war, dann aber wieder verschwand. Nach dreieinhalbstündiger Gesamtfahrt legen wir in Nikolaiken hinter der Stadtbrücke, die neben der Nikolaiker Eisenbahnbrücke die längste Brücke Masurens ist, an. Hier hält der Dampfer. (Länge des Aufenthaltes siehe Fahrplan!)

b) *Nikolaiken* — [1]) Größe, Geschichte, Verwaltung — ist eine Stadt des Kreises Sensburg mit etwa 2800 Einwohnern. Ihre erste Siedlung entstand um 1580 im Anschluß an eine kleine Kapelle, die dem heiligen Nikolaus gewidmet war. Diese Siedlung hieß später Nickelsdorf und entwickelte sich infolge der günstigen Lage an einer fuhrtähnlichen Enge des fischreichen Gewässers und infolge des Holzreichtums der nahen Johannisburger Heide zu einem Hauptpunkt des masurischen Fisch= und Holzhandels. 1722 wurde Nickelsdorf mit dem auf der anderen Seite liegenden Koslau zur Stadt Nikolaiken vereinigt. Heute ist es besonders durch die Nikolaiker geräucherte Maräne bekannt geworden.

[2]) Der Aufenthalt für Fremde muß als reizvoll dargestellt werden: Eine landarme Bevölkerung arbeitet mühselig um das tägliche Brot, — aber ist mit dem Wasser innig

verwachsen, — führt doch jedes Gehöft mit Hof oder Garten bis dicht an den See heran, auf dessen Wellen sich das kleine einfache Boot der Familie schaukelt. Nikolaiken besitzt auch ein Ruder- und ein Segelklubhaus, das vom Dampfer aus zu sehen ist.

Zwei Gasthäuser und eine Konditorei laden den Fremden zu Gast. -- Die Jugendherberge befindet sich mit 22 Lagern im Gemeindehaus (Anmeldung bei Frau Superintendent Baatz).

³) Spaziergänge. Man wandere zum Kirchturm und besteige diesen, um einen herrlichen Rundblick, insbesondere über den zweitgrößten See Deutschlands, den Spirdingsee zu genießen! — Man miete sich ein Ruderboot, das leicht zu haben ist und rudere eine Strecke zurück, die wir mit dem Dampfer etwa eine Viertelstunde lang fuhren — zur Kaiserhöhe! Von dort aus sieht man Nikolaiken schön zu seinen Füßen gelagert, -- schaut das Städtchen Rhein und den riesigen Spirdingsee! (Wasserweg: 2 km, Landweg; 3 km.)

Man wandere eine vom Marktplatz 4 km östlich abgehende Straße und versuche die nach Luknainen führende Landstraße zu erreichen! Nach 4 km langem Weg erreicht man ½ km südöstlich von Luknainen das lange, lange, eintönige, aber eigenartige Westufer des Spirdingsees, von dem aus man in die längste, ca. 15 km große Weite des Sees in der Richtung auf das auf dem Ostufer gelegene Dorf Gutten, das nicht immer zu sehen ist, schauen kann. Wenn wir 1 km in nördlicher Richtung von hier quer über das Land wandern, so kommen wir an dem von wilden Schwänen, Enten, Gänsen, Kranichen und Reihern außerordentlich bevölkerten Nebensee des Spirding, den Luknainer See.

Zum 2½ km entfernt liegenden Nordrande der Johannisburger Heide gelangt man, wenn man durch das alte Koslowen, jetzt Vorstadt Nikolaiken, die Sensburger Chaussee etwa 150 m hinaufwandert, um dann die Straße nach Karlshof abzubiegen. Südlich von Karlshof gabelt sich die Straße, — man gehe den südöstlich laufenden Zweig, wenn man den Nikolaiker Schützenplatz erreichen will. Über ihn hinaus, nach Osten durch den Wald gehend, kann man die schon vor Karlshof in südöstlicher Richtung abführende Straße entlang Kulinowen, das 4 km südlich von Nikolaiken herrlich auf dem bewaldeten Seeufer liegt und von Wanderern häufig wegen seines Heidefriedens zu längerem Aufenthalt bestimmt wird, erreichen. (Leider ist das Gasthaus vorübergehend eingegangen.)

Wären wir an der südlich von Karlshof gelegenen Weggabelung in südwestlicher Richtung 6 km gegangen, so wären wir an den mitten in der Heide gelegenen Gartensee gekommen, an dessen Südende der Krutinnafluß einmündet. Hier hat der Wald noch nicht den durch die langarmigen, knorrigen Kiefern und die rosigen Erikastauden bestimmten Heidecharakter, — hier findet man noch hin und her Tannen- und Unterholz, — aber hier wie dort: Friede und Einsamkeit! (s. S. 31).

4) Sonstige Verbindungen. Nach Sensburg führt eine 30 km lange Chaussee und eine 23 km lange Eisenbahnstrecke; in der Richtung nach Arys geht eine Chaussee nach Wosnitzen nur bis Olschewen. Diese wird von Dombrowken bis Arys fortgesetzt, es fehlt also die 6 km lange Strecke: Olschewen—Dombrowken. Die Eisenbahn nach Arys ist 29 km lang.

c) *Beldahnsee und Spirdingsee.* Wir müssen aber zurück nach Nikolaiken, um unsere Dampferfahrt fortzusetzen.

Wir fahren in südöstlicher Richtung weiter, — sehen auf dem östlichen Ufer die letzten armseligen Häuschen des fast 1 km langen Südostendes von Nikolaiken, treffen zahlreiche Fischerboote, vielleicht auch lange Holzflöße, die von den Wellen unseres Schraubendampfers stark geschaukelt werden und schauen auf der Westseite das 10—20 m hohe bewaldete Ufer, das uns eine Vorahnung von dem Schmuck der Landschaft gibt, den wir erleben sollen, wenn wir hinter der Fähre von Wiersba, die das armselige Dörfchen mit einer Kieschaussee nach Nikolaiken verbinden soll, den Beldahnsee befahren werden. In Wiersba ist nun auch ein Kurhaus begründet worden, das sich für ausfliegende Vereine mit Saal und Garten gut eignet. Vorher aber passieren wir das auf dem bewaldeten Westufer des südlichen Talter-Gewässers gelegene Kulinowen. Und kurz nach dieser Pause erhaschen wir uns in schneller Fahrt einen Blick, bei dem wir erschüttert oder erhoben werden: Wir schauen in den südöstlichsten Winkel des mit seinen Nebenseen 120 qkm, allein 108 qkm messenden Spirdingsees, dem in Deutschland inbezug auf imposante Größe nur die Müritz in Mecklenburg mit 133 qkm überlegen ist. Wir überschauen eine Strecke von 7—8 km, dort wird der Blick durch die Inseln «Fort Lyck» und das «Spirdingwerder» begrenzt, während man bei günstiger Lage der Blicklinie den Blick um dieselbe Strecke in den «Sexter See» hinein verlängern könnte. «Fort Lyck» ist 1784 durch Friedrich den Großen befestigt, 1844 bei der Begründung der Festung Boyen aber geschleift worden.

Schnell ist der Dampfer an dieser einsamen «Größe» vorbeigedampft und nun umfängt uns anmutigste Lieblichkeit. Wir passieren die Fähre Wiersba und liegen in dem kaum 500 m breiten, dicht von Waldeshöhen geschmückten Beldahnsee, dessen und des Niedersees unübertroffene Schönheiten der eigentliche Zweck unserer Reise sein sollte. Diese Schönheiten an dieser Stelle zu schildern, ist denen nichts nütze, die auf dem Dampfer stehen, — die dürfen hier nicht lesen! Denen aber, die da draußen irgendwo von dieser Landschaft lesen wollen, wird nie ihre Stimmung bewußt, wenn sie nicht die köstliche Luft dieser Wald=See=Idylle atmen können. Hier muß man beim Sonnenauf=, beim Sonnenuntergang den wilden Schwan seine silbernen Linien ziehen sehen, — hier muß man fühlen können, wie das Herz des scheu aufstoßenden Kranichs schneller schlägt, wenn ein einziges harmloses Reh durch tauiges Grün zur köstlichen Tränke sich bückt, — hier muß man mit dem irdenen Göttergeschenk unserer sonnenklaren Augen im gewölbelosen unendlich blauen All den Adler seine erlösenden Kreise ziehen sehen, — dann werden die Augen bald nicht mehr schauen wollen vor trunkenem Glück, und doch wird's berauschend in uns weitersingen:

«Trinke, Auge, was die Wimper hält,
Von dem goldnen Überfluß der Welt!»

d) *Guszianka.* So fahren wir an einer Bucht vorbei, an der das Heidedorf Wigrinnen liegt, während, uns näher, auf dem Ostufer des Sees das Philipponendorf Piasken sichtbar ist. Wir befinden uns mitten in der 964 qkm großen Johannisburger Heide, die zu den größten zusammenhängenden Wäldern Deutschlands gehört und vom Deutschen Ritterorden als Grenzschutz ergänzt wurde.

An der Stelle, an der der Dampfer nach etwa einer Viertelstunde einen Knick nach Osten macht, stehen am Südufer des Sees die beiden Königseichen, — so genannt, weil König Friedrich Wilhelm IV. auf einer Segeltour 1854 hier gelandet und gerastet haben soll, und nun fahren wir auf die Schleuse Guszianka zu. Der Kleine Guszinsee, der uns nach Rudczanny tragen soll, liegt nämlich 2 m höher als der Beldahnsee, weshalb unser Dampfer hinaufgeschleust werden muß. Die Schleuse wurde 1879 in Holz und 1899 in Ziegeln und Stein erbaut. Das Schleusen dauert nur 10 Minuten, und nach einer kaum 300 m langen Fahrt durch den völlig umwaldeten Kleinen Guszinsee gelangen wir in den fast völlig mit zum Teil schon durch= und verwachsenen Holzflößen bedeckten Großen Guszinsee. Seine Holzflöße waren das Zeichen, daß es mit dem Waldfrieden zu Ende ist. — Die Dampfsirene heult und meldet sich in dem für uns zunächst nur durch eine riesige Holzschneidemühle (Besitzer Anders) repräsentierten Rudczanny an, wo unser Dampfer an einer versteckten, belaubten Stelle nach 5½ stündiger Fahrt anlegt.

e) *Rudczanny* — [1]) Geschichte und Allgemeines — gehört zum Kreise Sensburg und hat weder Marktflecken= noch Stadtcharakter, — vielmehr ist es ein Beamtendorf, das sich um die Station Rudczanny der ostpreußischen Grenzbahn (Insterburg—Lyck—Allenstein) entwickelte. Heute ist dieses Stationsdorf auch der Mittelpunkt der masurischen Holzindustrie, — liegen doch von 14 an der masurischen Wasserstraße befindlichen Holzschneidemühlen allein fünf in und in der unmittelbaren Umgebung Rudczannys — und des Ausflugsverkehrs geworden und doch hat es keine Unterkunftsmöglichkeit für Fremde. Das alte Kurhaus Siegmund hat in beschränktem Umfange seinen Betrieb wieder aufgenommen. Auch die Bahnhofswirtschaft bietet gute Kost und Erfrischung; trotzdem der rege Reiseverkehr nach einem Gasthausunternehmer «schreit», hat sich in unserer geldarmen Zeit niemand gefunden. Es ist erfreulich, daß die Regierung helfen wollte: Sie hatte bereits ein Preisausschreiben für den Bau eines Kurhauses erlassen und die Ausführung begonnen, diese mußte dann aber wieder eingestellt werden. Man versuche, sich zunächst in Nieden oder Wigrinnen einzumieten! (Wege siehe unten!) Etwa 6 km in nordöstlicher Richtung liegt die Jugendherberge Weissuhnen (8 L., Lehrer Bondzio). Bei kurzem Aufenthalt fahre man zur Nacht nach dem (16 km, eine halbe Stunde) östlich von Rudczanny liegenden Johannisburg oder nach dem 7 km weit in nordwestlicher Richtung liegenden Alt-Ukta. (Bahnrichtung Sensburg-Königsberg.) Im Kriege war Rudczanny gleich im August das Ziel der Russen, weil es die Eckbastion der Masurischen Seenkette und der zwischen Rudczanny und Ortelsburg südlich von der Grenzbahn verlaufenden Blockhauslinie gewesen ist. Die Jugendherberge (Militärbaracke) mit 62 Lagern in 5 Räumen ist bei Rundmann zu erfragen. Den Weg zur Herberge findet man leicht, wenn man am Westende des Dorfes auf die nach Süden weisenden Wegweiser achtet. Sie ist aber nur in der Zeit vom 15. 4.—15. 10. geöffnet, soll sogar vorübergehend eingegangen sein.

[2]) Spaziergänge: Von Rudczanny aus können wir nach allen Richtungen in die Johannisburger Heide eindringen, — die in der unmittelbaren Nähe von Rudczanny noch mehr den Charakter eines Mischwaldes besitzt, aber weiter nach Osten hin — insbesondere um die Bahnstation (Rudczanny-Johannisburg) Breitenheide herum — den eigentlichen armseligen aber doch großartigen Heidecharakter entwickelt.

Umfahrt auf dem Niedersee: Zunächst aber lädt uns noch unser treues Schifflein zu einer Spazierfahrt ein, der Umfahrt auf dem Niedersee, die etwa eine Stunde dauert!

Wie in ein grünes Versteck so muß sich das Schifflein in den Kanal hineindrängen, über dem Chaussee- und Bahnbrücke wie in den grünen Bäumen hängen. Gleich dahinter öffnet ſich aber der Niederſee, wie wenn die Sommerſonne allmählich aus ſchwarzen Wolken dringt.

«Märchenhaft lieblich erglänzen die Seen,
Umrandet von Wäldern und ſtattlichen Höh'n.»

«Prächtig bewaldete Inſeln, die wie Smaragde aus einem koſtbaren Geſchmeide herausleuchten, durchbrechen den regungsloſen Waſſerſpiegel, der bald das Blau des Himmels wiederſpiegelt, bald wie ein Gebirgsſee tiefgrüne Fluten aufweiſt.» (Siehe Titelbild!) Wir grüßen das auf dem Oſtufer gelegene Heidedorf Kowallick und das größere weſtlich gelegene Nieden und ziehen um vier der Inſeln, von denen eine mit einem tragiſchen Malerſchickſal ſagenhaft verbunden iſt, eine ſanfte Schlinge und kehren um: Der Dampfer muß heim. Des Niederſees leis flüſternde Waſſer aber fließen in einem nach Norden offenen, etwa 30 km langen Bogen durch die Heide bis nach Gr. Wiartel, das wir auf einer anderen Wanderung kennen lernen werden. (S. 38). Nach *Nieden* gelangt man auch auf einem in ſüdweſtlicher Richtung von der Hauptſtraße Rudczannys zwiſchen Eiſenbahnbrücke und Bahnhof abgehenden, an der Oberförſterei vorbeiführenden Waldweg. An dieſem Weg ſteht eine Lyra-Kiefer. Nieden ſelbſt iſt ein Dörfchen mit einem ſchmucken Schulhaus und kleinen Häuschen, — ſein Seeufer iſt hoch und ſchön. Der Weg nach *Guszianka*, das wir S. 31 ſchon kennen lernten, geht gegenüber dem Bahnhof ab und führt durch herrlichen Hochwald. Von Guszianka wandre man das Beldahn-Seeufer entlang nach *Wigrinnen* (ſ. S. 31) eine 4 km lange, lohnende Wanderung. Auf dieſem Wege trifft man auch hoch in alten Bäumen Seeadlerhorſte an.

Breitenheide liegt ſo einſam, daß nach Norden, Weſten und Oſten 10 km und weiter keine menſchliche Siedlung anzutreffen iſt. Dorthin fahre man nicht mit der Eiſenbahn, da die Bahnſtation 4 km nordöſtlich vom Dorf entfernt liegt. Man wandere vielmehr die Johannisburger Chauſſee etwa 1 km öſtlich und biege dann den in ſüdöſtlicher Richtung abgehenden Waldweg nach Breitenheide ab, der mitten durch typiſchſte Heide führt, die allerdings zahlreiche Spuren von Vernichtung durch Eulenfraß zeigt. Der Weg iſt etwa 7 km weit. (Jugendherbergen ſind in Sowirog bei Lehrer Beckhern und in Kurwien beim Pfarrer zu erfragen. Die Herberge in Kurwien ſteht aber nur in der Zeit vom 1. 4.—30. 9. zur Verfügung. Sowirog liegt 6 km ſüdlich von Breitenheide am Niederſee. Herrliche Einſamkeit! Kurwien liegt etwa 10 km ſüdlich über Nieden hinaus von Rudczanny entfernt, am Niederſee.

Niemand aber verſäume das Wichtigſte und Schönſte: Den Beſuch der **Murawa und Crutinnens.** Dort harrt unſer ein Genuß, wie er infolge der durch See, Hügel und Hain be= ſtimmten Eigenart Maſurens nicht erwartet wird: eine Talfahrt auf einem laubbedachten Waldfluß! Der Ausgangspunkt dieſer ſelten ſchönen Flußfahrt liegt etwa 1 km ſüdlich vom Bahnhof Crutinnen und wird **Murawa** (Raſenplatz) genannt. (Nordoſt= ufer des Crutinnenſees, der ein Nebenſee des etwa 10 km langen Muckerſees iſt.) Dorthin gelangen wir mit der Bahn (Rudczanny—Zinten—Königsberg) nach einer 11 km langen Fahrt oder auf der Chauſſee, die etwa ebenſo lang iſt. Beide Wege führen uns über **Alt Ukta** (Marktflecken und Kirchdorf in reger Entwicklung). In Alt Ukta befindet ſich eine **Jugend= herberge**, die vom Hauptlehrer Randzio verwaltet wird.

Skizze zum Beſuch Crutinnens:

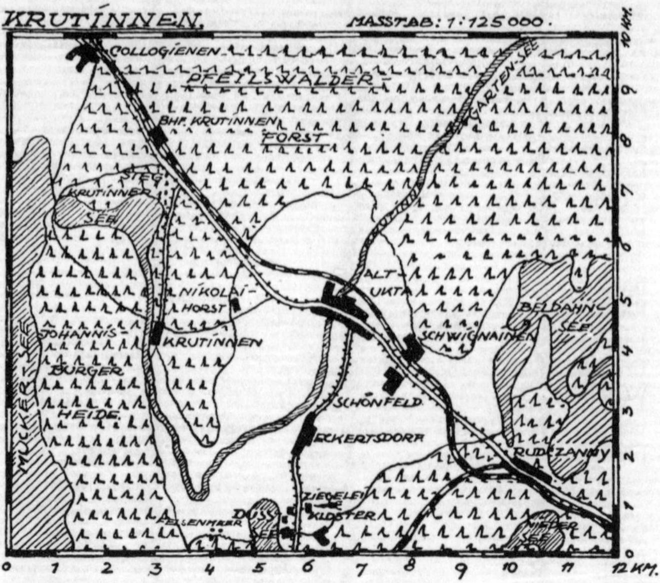

Der Bahnhof Crutinnen hieß früher, da er dem 2 km nordweſtlich von ihm gelegenen Collogienen näher liegt als Crutinnen: Bahnhof Collogienen. Südöſtlich von dieſem zwiſchen den Kilometerſteinen 62,4 und 62,5 biegt ein Waldweg zum Crutinnenſee, einem Nebenſee des Muckerſees ab, der uns nach etwa 1 km langem Spaziergang an das Ziel unſerer Wünſche bringt. Nun gelingt die Talfahrt natürlich nur dann, wenn wir uns bemannte Boote aus Crutinnen (ſiehe Anzeigenteil!)

bestellt haben (Telephon von Rudczanny aus). Empfehlenswert ist es, sich hier Zeit zu lassen und vor der Fahrt noch einen Spaziergang zum Ostufer des Muckersees zu machen, das man am schönsten dadurch erreicht, daß man am Südrand des Crutinnensees entlang geht bis zur Mucker=Brücke, die etwa 2½ km entfernt ist. Zu ihr führt auch an der Oberförsterei vorbei ein etwas längerer Waldweg, der von Crutinnen ausgeht (siehe unsere Karte!)

Unsere Talfahrt von der Murawa nach Crutinnen geht ohne Ruderschlag vor sich, wenn wir aus dem See in den von Laubwald fast überdachten Fluß gelangen. Nirgends wohl wird man so leicht sich frei von körperlichen Hüllen fühlen, als wenn man hier langgestreckt, vom Boot getragen, die träumenden Augen zum Himmel richtet! Leider sind wir schon nach etwa 30 Minuten in Crutinnen. Dort können wir in feierlicher Waldstimmung rasten und auch übernachten. Crutinnen ist auch von der Chaussee Alt Ukta—Collogienen erreichbar (siehe Skizze!).

Von Rudczanny aus können wir über Alt Ukta (Bahn oder Chaussee je 6 km) hinaus noch eine Stätte erreichen, die in kultureller, insbesondere religionsgeschichtlicher Hinsicht in Deutschland einzigartig ist: Das Philipponendorf und das Kloster Eckertsdorf mit den Nachbardörfern: Fedorwalde, Peterhain und Schönfeld. Wir haben von Alt Ukta 3 km einen beliebigen von zwei in südöstlichster Richtung von Ukta nach Eckertsdorf führenden Wegen zu gehen. (Siehe große Karte: Die Neue Chaussee ist nur 2½ km lang, während der Landweg etwa 4 km lang ist!) Auch an Eckertsdorf fließt der Crutinnenfluß vorbei, allerdings nicht mehr als romantischer Waldfluß. Schöner ist dort der Duß=See. Die Philipponen baden aber in ihren russischen Dampfbadehäusern mehr als in Fluß und See.

Im Kreise Sensburg wohnen außer in den oben genannten Dörfern noch in Onufrigowen und Piasken (beide östlich vom Beldahnsee (s. S. 31) Philipponen, im ganzen etwa 900, — die Zahl ist durch Rückwanderung zurückgegangen, sie betrug um 1840 herum schon etwa 1500 Seelen. Die Philipponen nannten sich nach ihrem Parteioberhaupte so und sind eine russische griechisch=katholische Partei, die sich an die vor der Mitte des 17. Jahrhunderts in Rußland vorhanden gewesene Kirchenverfassung klammert und deshalb am Ende des 18. Jahrhunderts Rußland hatte verlassen müssen. Die Ansiedlung an den von uns zu besuchenden Stätten erfolgte 1825. Die priesterlichen Funktionen besorgt auch heute noch kein Priester, sondern ein selbstgewählter Ältester. Als Sakramente gelten ihnen Taufe und Beichte. Die Frauen spielen eine untergeordnete Rolle.*)

Ihre Bauten — sowohl die Kirchen in den genannten Dörfern wie das Frauenkloster am Duß=See — machen den Eindruck höchster Einfachheit. Die Kirchen sind meist äußerlich nur durch das griechisch=katholische Kreuz (zwei obere Querbalken wagerecht, der unterste schräg) erkenntlich. Auch ihr ganzes Leben ist durch diese Einfachheit gekennzeichnet. Ihr ohrenbetäubender Gesang paßt schlecht in einen Gottes=dienst. Künstlerischer ist ihr Kirchenglockenspiel. Die Nonnen beschäftigen sich mit Acker= und Gartenbau sowie mit Waisen=erziehung. Das Kloster steht seit 1839.

Ein Besuch des Klosters ist bei freundlicher Verhandlungs=führung mit den Nonnen möglich und gegen ein Entgelt sehr erwünscht. In der Nähe des Klosters findet man leicht zwei seltene Naturdenkmäler: Den Lindenstein am Waldrande, der durch eine hindurchwachsende Linde gesprengt worden ist und eine Endmoränenlandschaft, über die Bergrat Heß v. Wichdorf folgendes schreibt: . . «Während des Krieges wurde durch den Kreis Sensburg, in der Staatsforst südlich vom Gut Jägerswalde bei dem bekannten Philipponendorfe Eckertsdorf bei Alt=Ukta mit Hilfe von russischen Kriegsgefangenen eine großartige Steingewinnung eingerichtet, die das Steinmaterial für zwei große Kreischausseen hergab. Die Eckertsdorfer Endmoräne, die diese großen Steinvorräte lieferte, ist eine im deutschen Osten geradezu ideale Endmoräne, die für heimatkundliche und geologische Exkursionen und Studienzwecke eine der besten Gelegenheiten in ganz Norddeutschland bietet. Im Walde bei der Försterei Rosteck am Duß=See gegenüber dem vielbesuchten Philipponenkloster liegen, malerisch verstreut, unendliche Mengen gewaltiger bemooster und flechtenbewachsener Felsblöcke, die ein landschaftlich einzigartig dastehendes «Felsenmeer» darstellen In Zukunft wird man dies Landschaftsbild ohnegleichen zweifel=los als einen der herrlichsten Naturparke Masurens viel zur Erholung und zum Genuß der Naturschönheiten des Landes besuchen. An Pracht kann nur das weltberühmte Felsenmeer im Odenwald an der badisch=hessischen Grenze mit ihm wetteifern.»

3) Weitere Reisemöglichkeiten von Rudczanny aus: Für diejenigen Reisenden, die infolge der Bestimmung Lötzens zum Reisemittelpunkt, ihr Studium der südlichen masurischen Verhältnisse nach Durchführung einiger der genannten Spazier=gänge durch Heimkehr nach Lötzen beenden wollen, empfiehlt sich, falls die Dampferfahrt infolge des Fahrplans nicht möglich sein sollte, — eine Rückfahrt über

*) Man lese Näheres darüber bei: August Ambrassat, „Die Provinz Ostpreussen", Bons Verlag, Königsberg Pr. 1912.

Johannisburg. — Allgemeines und Geschichte. Bahn: 16 km, Chaussee: 16 km. Johannisburg liegt am Pissek, etwa 1 km südlich von seinem Austritt aus dem Rosch-see, der durch den Jeglinner Kanal mit dem Spirdingsee in Verbindung steht. Johannisburg ist Kreisstadt des Regierungs-bezirks Allenstein und hat 5600 Einwohner. Es besitzt alle zur Verwaltung eines Kreises gehörenden Behörden, eine Ober-försterei, ein werdendes Realgymnasium und eine landwirt-schaftliche Winterschule. Die Stadt hat als deutsche Marktstadt an der Grenze einige Bedeutung.

Johannisburg ist gegen Kynstuts Einfälle 1345 vom Orden angelegt worden, 1361 und 1366 nach der Schlacht bei Eckers-berg (6 km westlich von Arys, am Spirdingsee, auch ein aus Kriegsruinen völlig neu entstandenes Dorf) aber Kynstuts Brand-wut zum Opfer gefallen. 1379 baute Winrich von Kniprode hier ein Jagdhaus (s. S. 23), das im Laufe der Zeit so befestigt wurde, daß es 1656/57 den einfallenden Tataren (s. S. 12) stand-hielt. Die Burg zerfiel. Das heutige Schloß in der Nähe der Post ist später entstanden. — Die Pest der Jahre 1708—11 hat der Stadt weniger geschadet als den anderen masurischen Städten. In der heutigen Warschauer Straße (im Amtsgericht) wohnte von 1797—99 der Befreiungsheld York als Bataillons-kommandeur.

Im Weltkriege fiel Johannisburg schon in der Mitte August 1914 in die Hände der Russen. Nach dem 11. September, dem Schlußtag der Schlacht an den Masurischen Seen, war es frei bis in den November 1914 hinein, von wann ab es aber wieder vom Feinde besetzt wurde und besetzt blieb bis zur erlösenden Winterschlacht in Masuren im Februar 1915.

Spuren der Kämpfe um Johannisburg zeigen die zerstörte Stadtbrücke über dem Pissek, die neu gebaut wird, und der leere Sockel des vor dem Rathaus auf dem schönen breiten Markt stehenden Bronze-Denkmals von Bismarck.

Aufenthalt. In Johannisburg befinden sich mehrere Gasthäuser, deren wichtigste man vom Markt aus übersehen kann. Glücklicherweise ist das Hotel York in imposanter Größe neu entstanden, nachdem es acht Jahre als gewaltiges Ruinen-Kriegsdenkmal tot gelegen hatte. Die Jugendherberge be-findet sich im Gasthaus Johannishöhe (10 Lager). In der Nähe von Johannisburg liegen die Jugendherbergen Sdorren und Sowirog (s. S. 33).

Spaziergänge: Wer die auf S. 24 erwähnten Jeglinner Wehranlagen kennen lernen will, wandere die kurz vor dem Bahnhof, der im Westen der Stadt liegt, nach Norden ab-führende Aryser Chaussee bis zu einer Überbrückung des Jeglinner Kanals, der den Sexter See, einen Nebensee des

Spirdingsees, mit dem Roschsee verbindet, und von dort aus gehe man den Kanal entlang in nordwestlicher Richtung. Der ganze Spazierweg ist etwa 8 km lang und technisch, weniger landschaftlich, interessant und lohnend.

Johannisburg ist die Stadt, die der Heide den Namen gegeben hat. In ihrer Nähe liegen die typischsten Bezirke derselben. Kaum ein Kilometer in südlicher Richtung gehend, führt uns eine schön eingewachsene Allee aus der Fischer-Straße an den Rand des Waldes, in dem der Schützenplatz mit dem Restaurant Johannishöhe liegt. Parallel zu dieser Allee läuft eine Chaussee am Kreiskrankenhaus und am Wasserturm vorbei in südwestlicher Richtung immer durch die Randzone des Waldes bis nach Kl. Wiartel, etwa 600 m vom Wiartel-See entfernt. (7 km.) Von dort biegt in westlicher Richtung ein Waldweg nach dem herrlich und friedlich gelegenen Gr. Wiartel ab, das auf einer Enge liegt, auf der der Jeschkower See von Nordwesten, der Wiartel-See von Nordosten und der Nieder-See von Südwesten fast zusammenstoßen (s. S. 33). In diesem großen Heidedorf ist mit guter Unterkunft zu rechnen. Von hier aus kann man Bezirke der Heide kennen lernen, in denen sich Laubbäume und Laubwaldblumen erhalten können und solche, die in sterbender Dürre in ihrem Tannendunkel nur die blattgrünfreie Korallwurz und die Hexenringe des Teufelschwamms leben lassen. Beides eigenartig herrlich!

Im Kreise Johannisburg liegen in der Nähe des Dorfes Wondolleck, 7 km östlich von Gehsen, einer Station an der Bahn Johannisburg—Dlottowen, Reste von Eisenhütten, in denen man in der ersten Hälfte des vorigen Jahrhunderts Eisen aus Raseneisenstein gewonnen hat.

Sonstige Verbindungen: Die Eisenbahnlinie nach Lötzen ist 55 km lang und führt über Arys. In östlicher Richtung geht die Grenzbahn als Fortsetzung der Bahn Allenstein—Rudczanny—Johannisburg—Lyck (56 km). Nach Süden führt bis zum Grenzort Dlottowen eine Sekundärbahn (22 km). Diesen Bahnen laufen Chausseen ziemlich parallel.

Eine regelmäßige Wasserverbindung bis Lötzen ist für den Sommer 1927 geplant. Man kann auch gelegentlich einen Frachtdampfer, ein Segel-, Ruder- oder Motorboot mit benutzen.

Sensburg. — Allgemeines und Geschichte: Sensburg ist in etwa einer Stunde von Rudczanny aus in nordwestlicher Richtung zu erreichen (33 km).

Sensburg ist Kreisstadt im Regierungsbezirk Allenstein und hat etwas mehr als 6000 Einwohner, es besitzt alle für die Verwaltung eines Kreises nötigen Behörden, ein Realgymnasium und eine Polizeischule.

Sensburg ist etwas später als die übrigen genannten masurischen Kreisstädte vom Hochmeister Konrad von Jungingen um 1400 herum als Ordensburg begründet, 1520 von den Polen vernichtet worden. Von seinem Anschluß an das ostpreußische Verkehrsnetz am Ende des vorigen Jahrhunderts ab begann es sich lebhafter zu entwickeln. Der Weltkrieg hat Sensburg verhältnismäßig sehr geschont.

Sensburg hat eine herrliche Lage am Nordufer des Czoos-Sees, der zum Teil umwaldet ist. An der Längsseite der Stadt baut sich eine lange Hügelreihe empor, die den Stadtgarten trägt, in welchem sich das Kriegerdenkmal mit dem Bismarckturm befindet, an den Bismarckturm auf dem Galtgarben geschichtlich erinnernd. Seine Besteigung ist möglich und außerordentlich lohnend.

Der Aufenthalt in Sensburg für Fremde wird durch mehrere Gasthäuser ermöglicht. Sensburgs Jugendherberge liegt im Kurhaus Waldheim, hat 10 Lager und wird vom Kurwirt verwaltet.

Spaziergänge: Der herrliche, 1 km nördlich von der Stadt auf dem Berge gelegene Hochwald hat von der Stadtverwaltung immer liebevolle Pflege erfahren; hat doch in Masuren kaum eine Stadt einen so gepflegten Stadtwald mit gutem Gasthaus (Waldheim), einen so fein organisierten und so schön an einem See (Juno-See) gelegenen Schützenplatz wie Sensburg. Große Verdienste um diese Anlagen hat sich der frühere Bürgermeister der Stadt Jänicke erworben, der über die Stadt hinaus deswegen gerühmt wird. — Wenn wir zum Stadtwald die Stadt nach Norden hinaus wandern, so sehen wir ziemlich hoch gelegen, im Nordosten der Stadt die Siedlungshäuser, deren Bau Sensburg mehr gefördert hat als andere masurische Städte. — Auf dem Wege zum Schützenplatz, der ungefähr 1 km von der Stadt entfernt ist, gehen wir am Kreishause vorbei, vor dessen imposanter Fassade ein wirksamer kubischer Stein an den deutschen Abstimmungssieg erinnert. Außerhalb der Stadt finden wir links an demselben Wege den Kleinbahnhof liegen, von dem aus die Kleinbahnreise nach Rastenburg möglich ist. — — Ueber den Stadtwald hinaus führt uns dieselbe Chaussee nach Sehesten (auch Seesten), das durch eine Ordensburgruine und durch Spuren einer blühenden Holzindustrie des Ordens interessant ist. Sehesten liegt 5 km vom Rande der Stadt entfernt.

Älter als Sensburg selbst soll das nordwestlich von ihm gelegene Sorquitten sein, das von Sensburg mit der Bahn, die nach Bischofsburg führt, in etwa 1/2 Stunde zu erreichen ist.

Sorquitten ist der Sitz der Grafen v. Mirbach, deren Schloß, im englischen Burgenstil, der mit den Festungsbauten der Gotik

Ähnlichkeit besitzt, erbaut war und im Kriege durch einen Brand zerstört gewesen war. Es liegt am Lampark=See. Das ganze Kirchdorf Sorquitten hat so reizvolle Partien, daß es von vielen Geographen als das schönste Stück Masurens bezeichnet wird.

Sonstige Verbindungen: Sensburg ist durch eine Bahn über Rothfließ—Zinten direkt mit Königsberg verbunden. Auch die Verbindung mit Allenstein über Rothfließ ist bequem. Nach Arys läuft eine 52 km lange Bahn, die von dort nach Lyck weiter fährt. Die Bahnverbindung nach Rudczanny kennen wir bereits. Nach Rastenburg geht eine zwei Stunden laufende Kleinbahn (30 km).

Allenstein. (Ortelsburg—Tannenberg): Daß der Süden Ostpreußens eine deutsche Landschaft des Blühens und Werdens ist, repräsentiert in glänzender Art und Weise die Hauptstadt unseres Regierungsbezirkes: Allenstein.

Von Rudczanny aus führt uns die Grenzbahn — vorbei am Riesendenkmal deutschen Wiederaufbaus, dem völlig neu seit 1915 aus der Erde gewachsenen Ortelsburg — nach 86 km weiter Fahrt nach Allenstein. Nächst Schirwindt, diejenige Stadt des Deutschen Reiches, die am meisten zerstört war, ist Ortelsburg heute die Stätte, die den Kulturgeist der Helden von Tannenberg am meisten bezeugt (Ortelsburgs Jugend=herberge (6 Lager) liegt im Bootshaus und wird vom Boots=mann Schmidt verwaltet). Ortelsburg besitzt eine Hindenburg=Oberrealschule mit einem Alumnat, das in Ostdeutschland einzig=artig ist.

Allenstein hat in seinem in der Mitte des 14. Jahrhunderts erbauten Ordensschloß, das außerordentlich gut erhalten ist, in seinem an das Niederländische Barock erinnernden Rathaus — in seinem Stadttor, in der Alle=Eisenbahnbrücke und in anderm sehenswerte Bauten; — im Alletal, in dem Jakobsberger Wald, im Wadang und anderem aber Landschaftsbilder, — die den heimreisenden Wanderer wie eine Zusammenfassung aller Na=turschönheit Masurens anmuten werden. Wer von Jakobsberg aus den Olymp am Alletal erreicht hat und von dort aus auf dem jenseitigen Ufer der Alle stadtwärts wandert, — wird nur in schmerzlichster Wehmut sich von der deutschen Landschaft trennen, deren Verwaltungshauptstadt Allenstein ist, das auch in seiner ganzen Anlage den Charakter der vornehmen deutschen Kulturstadt in der Nähe eines kulturarmen feindlichen Rand=staates mit dem deutlichen Bewußtsein einer gewissen deutschen Funktion sich zu verschaffen gewußt hat. In dieser Hinsicht spielt der im Jahre 1926 vollendete Stadttheater=Neubau, der «Treudank», eine große Rolle. Als architektonisches Kunstwerk, als Symbol des Vaterlands=Dankes für die Treue Masurens und als Stätte guter deutscher Kunst ist dieser Treudank ein deutscher Grenzhort von enormer Wucht! Jenseits der Grenze wird man vor Warschau seines gleichen vergeblich suchen! Allenstein ist für den Aufenthalt außerordentlich angenehm, weil die Stadt mit ihren 40000 Einwohnern zwar schon etwas Großstadtcharakter besitzt, — aber sich die edle Gemütlichkeit der Kleinstadt zu erhalten verstanden hat.

Von Allenstein ist der Besuch der eigentlichen Tannenbergstätten über Osterode und Hohenstein sehr zu empfehlen; — dafür stehen dem Reisenden in Allenstein gute Führer zur Verfügung, die in der Buchhandlung Dannehl, Zeppelin=Straße, zu haben sind. (In Tannenberg und Hohenstein sind Jugendherbergen vorhanden.)

Hohenstein wird in wenigen Jahren — vielleicht schon vom August 1927 ab — als Stätte des Tannenberg=Nationaldenkmals deutscher Wallfahrtsort werden. Heute schon ist die gewaltige Anlage, die nur etwa 1½ km von der Stadt Hohenstein entfernt ist, so weit gediehen, daß das eigenartige Denkmal, das mehr eine Weihestätte als ein Monument werden wird, vorstellbar ist. Auf derselben Anhöhe des Tannenberg=Nationaldenkmals liegt auch das imposante Denkmal der 147er.

Wenige Kilometer von Hohenstein entfernt liegt auch einer der größten ostpreußischen Heldenfriedhöfe: Waplitz. Tausende von Gräbern predigen stumm die gewaltige Größe der Schlacht bei Tannenberg.

5. Richtung: Lötzen-Steinort-Upalten-Angerburg*):

a) *Die Fahrt Lötzener Kanal — Kissain-See — Steinort:*

Unser Dampfer liegt im Kanal, an der Schiffahrtsbrücke, in der Nähe des Schlosses, vor dem Kurhaus, — also am Ende der westlich vom Markt abgehenden Königsberger Straße. Die uns bevorstehende Fahrt ist nur 30 km weit, — dafür aber inbezug auf die landschaftlichen Schönheiten noch konzentrierter als die Fahrt nach Süden.

Den Kanal kennen wir von unseren Spaziergängen her (s. S. 20). Wir grüßen noch einmal das Denkmal des Dichters des Masurenliedes und blicken bald auf den Mauersee, der von hier aus nicht den Eindruck macht, als hätten wir einen

*) Zwischen der Masurischen Dampfer-Komp. in Lötzen und der Angerburger Motorbootsgesellschaft ist über die Befahrung des Mauersees eine Vereinbarung getroffen worden, nach welcher die Lötzener Dampfer nicht über Upalten, die Angerburger Motorboote nicht über Lötzen hinaus einen regelmässigen Verkehr besorgen. Bei Fahrten, die von Lötzen aus Angerburg zum Ziel haben, ist dieses zu beachten. Jedoch kann damit gerechnet werden, dass auch von der einsamen Insel Upalten aus sehr häufig Gelegenheit zur Weiterfahrt nach Angerburg vorhanden ist.

100 qkm großen See vor uns, und in Wirklichkeit haben wir es auch mit etwa 9 Einzelseen zu tun, die schon bei einer Senkung des Gesamtgewässers von 5—6 m selbständig werden würden. Der Mauersee ist überhaupt ziemlich flach, keine Stelle geht wohl über 30 m Tiefe hinaus. Inseln und Halbinseln schaffen hier ein äußerst abwechslungsreiches Bild und haben eine Romantik, die zu reicher Sagenbildung Anlaß gegeben hat. — Wir befinden uns im Lötzener Kissainsee, sehen links von uns die nackten Lötzener Alpen, hinter deren Kuppen ein Kiefernwald das Festungsprofil verbirgt, fühlen uns verwandt mit den sich blähenden Segeln und winkenden Masten der im Hafen der Schreiberschen Werft liegenden Segelschiffe und wünschten wohl, daß der Dampfer in der grünen Bucht des Gr. Werders am Fuße des Lindenberges, der ein heidnischer Schloßberg gewesen zu sein scheint, ein Weilchen neben den Nestern unzähliger wilder Enten und Schwäne ruhen möge. Aber er eilt weiter, immer in der Nähe des zwar dicht aber nur in einer schmalen Zone bewaldeten Ostufers bleibend, während er eine ganze Reihe schönster bewaldeter Inselchen links liegen läßt. Hinter der letzten dieser Inseln erreichen wir eine bewaldete Landzunge, hinter der sich uns nach Osten der Blick in eine friedliche Bucht öffnet, an deren Scheitel eine durch den Schornstein einer Brennerei markierte Siedlung sichtbar wird: Domäne Pierkunowen, die ihren Namen von dem altpreußischen Donnergott Perkunos, der bei Steinort seine Weihestätten besaß, bekommen hat. Die andere Ecke dieser Bucht wird passiert, und vor uns liegt eine markante Landzunge, die Königsspitze, an der der Segler scharf auf den Luftströmungswechsel zu achten hat, da hier der Dargeinen-See, ein weites großes Becken beginnt, das wir rechts liegen lassen und scharf Kurs auf das geradeaus vor uns liegende grüne Ufer, die Halbinsel Steinort behalten. Links von uns bleibt der Dobensche See, eine weite Bucht, in deren südwestlichster Ecke gegenüber der Dobenschen Insel die Tautenburger ihren Stammsitz aus Thüringen hierher verlegt haben.

b) *Steinort:* Steinort kommt uns näher; die Fahrrinne ist hier genau einzuhalten, da Steinort seinen Namen wegen seiner zahlreichen Steinbänke bekommen hat. Das Steinorter Ufer zeigt mächtige Verlandungszonen mit riesigen Schilfbeständen. In der Nähe der Anlegebrücke unseres Dampfers, — sie liegt an einer nur etwa 100 m breiten Seeenge, die vor der sagenhaften Anstauung des Mauersees im 16. Jahrhundert noch Landenge gewesen sein soll, — ist das Steinorter Ufer selbst flach und sumpfig, so daß der Wald durch Unterholz bestimmt ist.

Umso herrlicher aber ist der eigentliche Steinorter Wald, der mit seinen Eichbäumen, die Restbestände des dem Perkunos geweihten heiligen Waldes sein sollen, in Wirklichkeit wohl aber erst seit der Begründung des Schlosses um 1600 herum stehen, weithin bekannt geworden ist. Das Schloß gehört den Grafen v. Lehndorff, die ganz besonders am Hofe Friedrichs des Großen eine hervorragende Rolle gespielt haben.*) Der Bau erinnert an die bequem gelagerten Landschlösser Ludwigs XIV. In ihm finden wir auf Pergament gemalte Szenen aus dem Alten Testament u. a., vier wertvolle Rubinglas-Schalen aus dem Laboratorium des Alchemisten des Großen Kurfürsten: Kunkel, und verschiedene interessante Orden und Familienandenken, insbesondere zweihundert Jahre alte Möbel. — Die Siedlung Gr. Steinort liegt an einem 1 km langen Binnensee; bis zur Bahnstation Kl. Steinort (Strecke Rastenburg—Angerburg) sind über 6 km. Wir kehren also zum Dampfer-Anlegeplatz zurück und benutzen das nächste Schifflein, das uns durch den kleinen Kirsaiten-See in den eigentlichen Mauer-See oder den Angerburgischen Kissain-See hineinträgt, in welchem die wahre Insel des Friedens und der Einsamkeit, die Insel Upalten liegt. (Der Dampfer hat bis zur Anlegebrücke Upalten 1½ Stunden gebraucht.)

c) *Die Insel Upalten.* Steinorts interessanter Charakter ist wesentlich bestimmt durch das gräfliche Denkmal großartiger Kultur, — Upaltens interessantes Bild aber entsteht aus seiner großartigen Natur. Steinort hat die Geschichte seines Ortes 200 Jahre und länger unverändert festgehalten, Upaltens schloßartige Villa der dritten Gemahlin des Oberburggrafen Lehndorf, der Gräfin von Dönhoff, aber ist spurlos verschwunden und von den im Stile Ludwigs XIV. angelegten schönen Parkanlagen sieht man heute nur noch das, was nicht die Kultur, sondern die keimkräftigere Natur geschaffen hatte: den Ulmendom, eine Allee, die eine Lichtung nach Nordosten schafft, von deren nordöstlichem Ende aus man den Wasserturm und einige neue Häuser von Angerburg sieht. Den schönsten Blick aber hat man von der Südseite der Insel. Dort sind noch Spuren einer Artilleriestellung zu finden. Als sich nämlich nach der Schlacht bei Tannenberg infolge des Beginns der Niederlage Rennenkampfs in der Schlacht an den Masurischen Seen der Ring um die Feste Boyen zu lösen begann, die Russen aber auf den östlich von Angerburg liegenden Höhen fest saßen, landete der «Admiral der Feste Boyen» Möllmann von seiner tapferen «Barbara» aus zwei Haubitzen auf der Insel und half die Russen aus ihren Stellungen werfen. (s. S. 14.) Heute nisten Reiher

*) Man lese die fleissigen Arbeiten von Prof. Dr. Ed. Schmidt in den Jahresheften der literarischen Gesellschaft Masovia, (Kühnel-Lötzen 1920 ff.) die das grosse Verdienst darstellt, die einzige literarische Gesellschaft im Süden der Provinz zu sein.

in den Baumkronen über den Stätten des Krieges. Das westlich von dieser Stellung gelegene «einsame Grab» ist kein Grab des Krieges. — Auf dieser herrlich bewaldeten Insel steht fast in ihrer Mitte — sein gemütliches Gesicht zur Landungsbrücke gewandt, — ein kleines weißgetünchtes Gasthaus, das keine Fremdenzimmer, aber eine liebevolle und saubere Ökonomie besitzt. Schön läßt es sich vom Landungssteg, von dem aus man Hechte im Schilf stehen sehen kann, die auf Beute lauern, auf den nächsten Dampfer warten, der uns in mächtigem Bogen nördlich um die Insel Upalten herum an der Tiergarten-Spitze, von der in nordwestlicher Richtung sich der Pristanien-See ausdehnt, vorbei in die kanalisierte Angerapp-Mündung trägt, von der ab wir durch sehr flaches sumpfes Gelände fahren, das glücklicherweise durch dichte Uferbüsche verstellt wird, so daß auch hier — besonders in der Abenddämmerung — die Landschaft tief innerlich zu uns spricht. Nach etwa 1 km weiter Fahrt biegt die sich vielfach schlängelnde Angerapp links ab und wir gleiten auf dem Angerapp-Kanal bis in den Hafen von Angerburg hinein.

d) *Angerburg.* — [1]) Allgemeines und Geschichte. Gleich von unserem Gefährt aus sehen wir auch hier das Symbol für das Alter der Kreisstadt des Regierungsbezirks Gumbinnen: Angerburg. Es ist das Schloß, das der deutsche Ritterorden 1335 als Wasserburg anlegte an der Stelle, an der früher die altpreußische Burg Angelek gestanden haben soll und das wie bei fast allen Kreisstädten des ostpreußischen Südens der Kern für die heute fast 8000 Einwohner zählende Stadt geworden ist. Schon 1365 erlag die Siedlung der Brandwut Kynstuts, wurde aber bald wieder so aufgebaut, daß sie 1571 Stadtrechte bekommen konnte. Dann litt sie wie die anderen masurischen Städte unter den Tatareneinfällen des Schwedisch-Polnischen Krieges und behielt nach der Pest von 1709 nur noch 150 Bürger. Unter der gründlichen Fürsorge des Generals v. Katte, der von 1718 bis zum Beginn des Schlesischen Krieges in Angerburg ein Kürassierregiment befehligte, erholte es sich so, daß sie die führende unter den masurischen Städten wurde. Die Stadt hatte lebhaften Getreide-, Leinwand-, Bier- und Holzhandel, verkümmerte aber in der Zeit, in der die anderen Städte des ostpreußischen Südens, insbesondere Lötzen und Lyck die Vorzüge ihres großartigen Bahnanschlusses genossen. Heute ist die Entwicklungskurve Angerburgs wieder stark aufwärts gerichtet, da es guten Bahnanschluß besitzt und sich auch auf seine günstige Lage an der masurischen Wasserstraße, die durch den bereits begonnenen Bau des Masurischen Schiffahrtskanals zwischen Angerapp und Pregel erhöhte Bedeutung bekommen hat, zu besinnen scheint, indem sie im Jahre 1923 zwei große

Motorboote für den Perſonenverkehr einſtellte. Angerburg iſt in den letzten Tagen des Auguſt 1914 von den Ruſſen beſetzt geweſen, aber hat nicht weſentlich ſein Geſicht dadurch verändert.

Angerburgs Stätten ſind pietätvoll zu beachten als Geburtsſtätten des Naturforſchers Helwing und als die Stätten der fürſorgenden und fein organiſierenden Liebe des Superintendenten Braun, der ſich beſonders durch ſein mehrere Hundert Kinder beherbergendes Krüppelheim die größte Dankbarkeit der Mit- und Nachwelt erworben hat. — Angerburg beſitzt alle für die Verwaltung des Kreiſes nötigen Behörden und eine Aufbauſchule für Knaben in den Räumen des alten Lehrerſeminars, wo ſich auch ein werdendes Heimatmuſeum befindet, außerdem iſt in Angerburg eine Provinzial-Mädchenerziehungsanſtalt vorhanden. Angerburg beſitzt einen beachtlichen Sportplatz.

2) Der Aufenthalt für Fremde iſt in vier Gaſthäuſern möglich. Angerburgs Jugendherberge (42 Lager) befindet ſich in der Kaſerne (Lötzener Straße, Verwalter Knitter, Kaſ. 2).

3) Spaziergänge: Die Umgegend Angerburgs nach Norden hinaus zeigt die Eintönigkeit des leicht kupierten oſtpreußiſchen Flachlandes. Dagegen iſt die ſüdliche Umgegend an vielen Stellen intereſſant. Von der Thiergarten-Spitze aus hat man einen offenen Blick in die größte Länge des Mauerſees hinein, den man in ſchönem Uferwald ſitzend genießen kann. Unmittelbar gegenüber der Thiergarten-Spitze liegt die Inſel Upalten (ſ. S. 43).

Die Thiergarten-Spitze erreicht man von Angerburg aus, wenn man die am Bahnhof vorbei nach Oſten führende Drengfurter Chauſſee verfolgt und vor oder im Dorf Thiergarten nach Süden abbiegt. Den 5 1/2 km langen Weg kann man auf einem Steg über Reuſſen (von Angerburg ſüdöſtlich gehend) etwas verkürzen. Thiergarten iſt auch Bahnſtation der Linie Angerburg—Raſtenburg. Die Bahn läuft weiter über Priſtanien, das auch auf der Drengfurter Chauſſee zu erreichen iſt; bei Priſtanien beginnt das Projekt des Maſuriſchen Schiffahrtskanals. Die nächſte Bahnſtation iſt Steinort (ſ. S. 43). Eine Fußwanderung durch den Steinorter Forſt kann empfohlen werden. Sehr ſchön iſt aber die Wanderung auf der von Priſtanien das Weſtufer des Sees nach Süden laufenden Chauſſee, die über Steinort, Roſengarten nach Raſtenburg geht.

Auf der Lötzener Chauſſee, die man vom Hafen aus in ſüdöſtlichſter Richtung am alten Seminar vorbei, vor deſſen Faſſade ein künſtliches Hühnengrab die toten Helden des Seminars ehrt, erreicht, kommt man nach 2 km weitem Weg zum ſagenumwobenen Konopka-Berg*), nach 4 km weitem Weg zum Fuchsberg, beides die letzten Angerburger Stellungen der Ruſſen in der Schlacht an den Maſuriſchen Seen, die von den

Haubitzen unserer «Barbara» von Upalten aus beschossen werden mußten. Beide Berge schaffen großartigen Blick über Seen und Dörfer.

c) Viel wird auch die sagenreiche Kehlener Mauer im Dorf Kehlen besucht, das auf einem in südlicher Richtung in der Nähe der Stadt, von der Lötzener Chaussee abgehenden Landweg zu erreichen ist (5 km).

Der Stadtwald Angerburgs liegt 4 km östlich von der Stadt und hat an seinem Nordrande eine Station an der Bahn Angerburg—Goldap. Er ist auch von der Lötzener Chaussee aus zu erreichen, wenn man 800 m auf dieser marschiert ist und einen Weg über das Gut Angerburg in nordöstlicher Richtung etwa 4 km weitergeht.

Das Wichtigste während eines Aufenthaltes in Angerburg ist aber ein Besuch der Stätten edler klassischer Kunst, wie sie Friedrich von Fahrenheid in Beynuhnen geschaffen hat.

Beynuhnen besitzt ein Schloß im Renaissance-Stil, in welchem eine große Reihe von Abgüssen der Antike von A. Wolf vorhanden sind. Der schöne Park ist durch eine dorische Säulenhalle, einen Tempel mit der Laokoon-Gruppe, die Thorwaldsensche «Hoffnung» u. a. geschmückt. Ein Führer durch Beynuhnen ist im Verlage von Alb. Olszewski in Gumbinnen aus der Feder Dr. Hechts erschienen. Beynuhnen erreicht man mit der Bahn, die von Angerburg nach Gumbinnen führt. Die Sammlungen des Schlosses stehen in der Zeit vom 1. Mai bis zum 30. September an jedem Freitag von 9—11½ Uhr vorm. und von 2—6 Uhr nachm. dem Publikum zur Besichtigung frei.

In der Nähe von Beynuhnen liegt Kl. Beynuhnen mit einer Jugendherberge (46 Lager, Rathaus, Kaufm. Ehmer).

Die schönsten Ausblicke über das ganze Land bekommt man von den Bergen bei Grodzisko, wohin wir am besten von der an der Bahn Angerburg—Goldap gelegenen Station Popiollen gelangen. Von der Bahnstation Bodschwingken (Bahn Angerburg—Goldap) erreichen wir auch die herrlichen Waldungen der Heydtwalder und Rothebuder Forst, über denen im Osten die größten Höhen Masurens, die Seesker Berge (309 m) zu sehen sind. Die nächste Jugendherberge liegt hier in Hegewald bei Kutten (30 Lager), Anmeldung bei Stüber, Jakunowken, zur Zeit der Drucklegung dieses Führers sollte die Baracke neu aufgebaut werden. Angerburg und Lötzen sind um die Erschließung des schönen und interessanten Hegewaldes bemüht. Eine besonders schöne Verbindung könnte durch das Sapine-Tal von Angerburg aus geschaffen werden.

Sonstige Verbindungen: Angerburg hat über Gerdauen—Löwenhagen direkte Verbindung mit Königsberg (119 km); dieselbe Linie geht über Angerburg hinaus nach

Goldap (50 km); über Possessern—Kruglanken ist auch Bahnverbindung nach Lötzen vorhanden (35 km); die Bahnlinie nach Rastenburg führt über die großen Anstalten der Inneren Mission Karlshof und ist 33 km lang; über Darkehmen geht die Bahn nach Gumbinnen (65 km).

Fast zu allen diesen Bahnen parallel gehen Chausseen. Dampferverbindung mit Lötzen ist an jedem Sonntag (und wahrscheinlich: Mittwoch) vor= und nachmittags über Upalten—Steinort vorhanden. Die Stadt Angerburg schickt Motorboote nach Lötzen.

II. Landreisen von Lötzen aus.

Nachdem wir uns die allernächste Umgebung von Lötzen (s. S. 19) angesehen haben, wird uns die Tatsache interessieren, daß man auch in einer Entfernung von etwas mehr als 20 km sowohl im Nordosten, wie im Südosten und im Südwesten unserer Stadt in schöne Landschaften und interessante Gegenden kommt.

1. Kruglanken, Waldkater.

In nordöstlicher Richtung besuche man Kruglanken und darüber hinaus den Waldkater! Bis Kruglanken kann man die Eisenbahn (13 km) (Strecke Lötzen—Angerburg) oder die Chaussee über Spiergsten—Soldahnen benutzen, die die Verlängerung der nördlich vom Markt abgehenden Angerburger Straße ist. Der kürzeste Weg für den Fußwanderer ist zwar der Landweg über Sulimmen—Pietzonken, jedoch ist er nicht sehr genußreich. Wir empfehlen vielmehr die Lötzener Waldallee (s. S. 21), die quer durch den landschaftlich schönen und abwechslungsreichen Stadtwald führt, zu benutzen. Jenseits des Stadtwaldes treffen wir nach ½ km weitem Weg einen von Süden (Sulimmen) nach Norden (Spiergsten) führenden Weg, auf dem wir nach Spiergsten kommen, von wo aus wir den scharf nach Osten, nach Soldahnen führenden Landweg benutzen, der uns dann zuletzt auf eine Chaussee bringt, auf der wir nach im ganzen 13½ km weitem Marsch Kruglanken erreichen.

Kruglanken sehen wir in langer Häuserlinie in tiefem Tale vor uns liegen, wenn wir von Westen in seine Nähe kommen. Nur der Kirchturm zeigt an, wo das Dorf liegt. Im Kriege war ihm wegen seiner ausgezeichneten Lage die strategische Funktion eines Forts von Boyen als Sperrbastion zwischen dem Goldapgar und dem Kruglinner See zugedacht, es kam aber schon im August in russische Hände und hatte eine wahre Schreckensherrschaft der Russen (siehe Lötzener

Vaterländische Gedenkhalle!) durchgemacht, die durch die Schlacht bei Tannenberg beendet wurde. Das Dorf und der Bahnhof hatten stark gelitten, — besonders aber die seit 1575 stehende Kirche. — Der Goldapgar=See wird immer die erhabene Freude jedes wandernden Beobachters veranlassen.

Südlich von Kruglanken liegt ein kleiner Nebensee des Kruglinner Sees mitten in niedrigem Laubwald; er stellt ein typisches und in seiner Flora sehr interessantes Beispiel eines sterbenden Sees dar. Aus ihm fließt ein Bach nördlich ab, der früher groß und breit gewesen sein muß, da er ein ansehnliches Tal besitzt. Ueber dieses Tal hat die Bahnlinie Kruglanken—Marggrabowa eine in ihrer Höhe mächtige Bogenbrücke aus Ziegeln nötig gemacht, die im Jahre 1922 gefährliche Risse zeigte, so daß eine Betonbrücke, die inzwischen fertig geworden sein wird, hat gebaut werden müssen.

In der Richtung der Bahnlinie Kruglanken—Marggrabowa läuft auch eine Chaussee. Bahnlinie und Chaussee führen durch Jorkowen (von Lötzen aus 24 km). Von Jorkowen kann man in nordöstlicher Richtung über Walisko oder Lipowen durch die Borkener Forst den 12 km entfernt liegenden Waldkater in der Rothebuder Forst erreichen. Das ist ein prächtig in altem Kiefernwald gelegenes Gasthaus, das an einer Stelle steht, an der noch in der Mitte des vorigen Jahrhunderts eine Glashütte gestanden hat. Schön ist der Forst um Waldkater ganz besonders in der Nähe des Pillwung=, Haaßnen=, des Litigainer= oder Schwalgsees, — die in ihren Waldverstecken so wirken, als enthalten sie eine Fülle von Sagen oder Geschichtsgeheimnissen. Wie verständlich, daß man hier die Burg des Sudauerfürsten Skomant vermutet!

Einen erhebenden Blick über dieses Landschaftsbild hat man von einer leicht erkennbaren beherrschenden Höhe nahe dem Westufer des Haaßnen=Sees, die auf der einen Seite von einem prächtigen dichten Waldkranz im Halbkreis umrahmt ist.

Der Gasthof Waldkater und ein gut ausgestattetes Gasthaus in Rothebude gewähren den Touristen die Möglichkeit, längere Zeit die schöne Gegend zu genießen.

Über Wallisko und die 209 m hohe Gonza Gora (9 km) an Orlowen vorbei, in dessen Nähe der Lenkuker See viel Schönheit zeigt, kann man auch nach dem blühenden Marktflecken Widminnen gelangen, der als Stätte völligen Wiederaufbaus interessant ist. Landschaftlich besonders reizvoll sind die Ufer des das Dorf berührenden Widminner Sees. Von Widminnen erreicht man in nur 30 Minuten (mit der Bahn Prostken—Königsberg) Lötzen.

2a. Arys. In die südlich von Lötzen gelegene Landschaft hinein empfehlen wir zwei Wanderungen, beide weil sie landschaftlich und geschichtlich von größtem Interesse sind. Die eine soll uns zum ehemals größten Truppenübungsplatz Preußens, Arys, — die andere in die Paprodtker Berge führen, die uns viel aus den Kämpfen um Ostpreußen 1914/15 zu erzählen haben.

[1]) Von Lötzen nach Arys gelangen wir am schnellsten mit einer in der Regel zwei bis dreimal hin= und zurückgehenden Sekundärbahn. Parallel zu dieser läuft auch der südliche Arm der großen ostpreußischen Heeresstraße, sie geht am südöstlichen Ende der Lycker Straße, am Diakonissenhaus Bethanien, ab. Da wir aber die herrliche Landschaft des Ublicksees kennen lernen wollen, benutzen wir die Eisenbahn nur bis zu der etwa 20 km südlich von Lötzen liegenden Station: Ublick. Etwa 200 m südlich an der Station kreuzt ein schön bewachsener Landweg die Bahnlinie und führt nach Osten. Auf ihm gelangen wir in die Nähe des Ostzipfels des Ublicksees, der durch den Bahndamm vom Hauptsee abgeriegelt worden ist. Dieses Seestück zeigt infolge rücksichtslosen Ausholzens nur noch Reste von Schönheit, die allerdings noch lohnend genug sind, daß man sie besuche. Mit seinem östlichsten Zipfel berührt der See die Chaussee Lötzen—Arys an einer Stelle, an der früher ein einsames Gasthaus (Stotzken) stand, über dessen leerer Stätte ein mächtiger Berg thront, auf dem ein Bauernhof liegt. Dort bekommt man ein frisches Glas Milch und hat eine herrliche Aussicht. Wir wandern dann die Chaussee entlang nach Süden und sehen bald wieder einen See aus dem Waldesdunkel blinken. Etwa 800 m südlich von Stotzken liegt links von der Chaussee ein mächtiges Waldtal mit vielen, vielen Geheimnissen, Räubersagen usw. Nachdem wir etwa 2 km lang gegangen sind, biegt ein Weg in südlicher Richtung ab. Er geht durch herrlichen Wald. Man besuche von ihm aus nach der Karte Sucha=Mühle und versuche von dort aus — viele Landwege benutzend und auch quer durch den Wald gehend — Arys zu erreichen.

Arys — [2]) Allgemeines und Geschichte — hat etwa 2800 Einwohner und gehört zum Kreise Johannisburg. Schon 1443 hat die Siedlung als Zins= und Fischerdorf existiert, 1726 wurde Arys Stadt und erlebte 1826 eine furchtbare Feuersbrunst, die auch die Dokumente ihrer Geschichte vernichtete.

Arys war vor dem Kriege voller Keime des Wachsens. Im Jahre 1892 wurde hier nämlich auf dem südlich und südöstlich gelegenen Gelände bis in die Grondowker Forst hinein der Truppenübungsplatz angelegt, der ein so großes Barackenlager besitzt, daß im Jahre 1912 — allerdings mit Hilfe von

Zelten — dort 12 Regimenter verschiedener Truppengattungen untergebracht werden konnten.

Die Kirche stammt aus dem Jahre 1530, — sie ist ein würdiger Bau, aber ohne Sehenswürdigkeiten. Arys hat auffallend breite Straßen.

³) Der Aufenthalt wird durch zwei Gasthäuser ermöglicht. Die Jugendherberge befindet sich in dem Waldgasthaus Budda (s. unten!) und wird vom Inhaber des Gasthauses verwaltet. In einem Raum stehen dort 10 Lager zur Verfügung, — leider aber nur in der Zeit vom 1. 4.—30. 10.

⁴) Spaziergänge: Etwa 1 km östlich von Arys liegt der Arysee, der durch den 1861 geschaffenen Kanal zur Senkung der Arysgewässer und den kanalisierten Arysfluß mit dem Spirdingsee in Verbindung steht. Verfolgt man den Kanal von der Garten=Straße ab, so geht man auf einer gutbeschatteten Allee, an einem zur Erinnerung an die Senkung der Gewässer errichteten Obelisk, am Wiersbinner See vorbei, zu den Anlagen und dem Gasthaus Budda. Hinter diesem Gasthaus finden wir schöne steile Uferpartien, besonders gegenüber der Verlobungsinsel, die mit einem in Budda mietbaren Boot erreicht werden kann. Östlich von der Verlobungsinsel liegt die Roseninsel. Ihr gegenüber beginnt das Werder, auf dem bedeutende Pfahlbauten=Anlagen gefunden worden sind. Im Ganzen haben wir dort eine Landschaft, die uns wohl am allerstärksten eine Stimmung gibt, die uns die Geschichte von Pfahlbauten, Schloßburgen, Wallburgen u. a. erleben lassen.

Zwischen dem Wiersbinner See und dem Arys=See liegt eine größere Halbinsel, die das Sportgefilde der Aryser zu werden beginnt. Zwar befindet sich der Sportplatz für Leichtathletik und volkstümliche Spiele noch in primitivem Anfangsstadium, jedoch herrscht auf ihm, wie auch in der großen Militärbadeanstalt am Wiersbinner See, im Ruderklubhaus am Arysee und vor der großen Restauration mit ihren zahlreichen Gondeln reges sportliches Leben.

Auf einer 6 km in westlicher Richtung von der Lötzener Straße abgehenden Chaussee kommen wir nach Eckersberg, einer Stätte großartigen Aufbaues und wundervoller Ausblicke auf den Spirdingsee (s. S. 30). Eckersberg ist etwa 10 Minuten auch mit der Bahn (5 km) (Strecke: Lyck—Arys—Nikolaiken—Sensburg) zu erreichen.

Sonstige Verbindungen: Nach Lyck geht eine 36 km lange Bahn, dorthin geht auch eine 30 km lange Chaussee, die aber nicht, wie die Bahn, nördlich, sondern südlich um den Arys=See läuft. Bahn und Chaussee nach Johannisburg laufen fast parallel und sind 25 km lang. Dasselbe gilt auch für die Verbindung mit Lötzen (30 km). Nikolaiken ist in der Bahnlinie 29 km weit von Arys gelegen. Extra=Dampferfahrten der Masurischen Dampfer=Kompanie Lötzen sind für Arys von Gutten E am Spirdingsee aus möglich. Gutten E ist Bahn=station (Strecke Arys—Johannisburg) und von Arys etwa 15 Minuten weit entfernt.

b) Przykop — Paprodtken — Rydzewen.

Wenn man sich von Arys nach Lötzen auf der Rückreise befindet, so steige man zum Besuch der Paprodtker Berge in Milken aus, das von Lötzen auf der Chaussee und in der Bahn=linie 13 km entfernt ist. Hart nördlich von Milken geht eine Kies=Chaussee in südöstlicher Richtung ab und drängt sich über die kaum 400 m breite Enge (Przykop) zwischen Buwelno= und Woynow=See, beide hier wald= und daher schmucklos.

Nun wandern wir in einer unfruchtbaren Landschaft einem in wenigen östlichen Ausläufern bewaldeten kleinen Gebirge entgegen, den Paprodtker Bergen. Auf diesen Bergen lagen die deutschen Hauptstellungen, als die erste Seensperre (Woynow —Buwelno—Tirklosee) im November 1914 von den Russen durchbrochen worden war und sie kühn das auf der Westseite des Buwelno=Sees gelegene lange Dorf Marczinawolla besetzten. Von den Paprodtker Bergen aus ging der Sturm der rühmlichst bekannten Dreiunddreißiger im Dezember 1914 und eroberte dieses zäh verteidigte Dorf. Ein mächtiges Massengrab bei Marczinawolla bezeugt die Heldentaten jener Tage. — Aus den Paprodtker Bergen wandere man in nordwestlicher Richtung die Kieschaussee nach Rydzewen (s. S. 27), von wo aus am Sonntag und Montag sicher und warscheinlich auch noch an anderen Tagen (siehe Fahrplan!) Wasserfahrt nach Lötzen (s. S. 25) möglich sein wird. Im anderen Falle lasse man sich, nachdem man ein Boot vom Bogatzewer Ufer herangewinkt hat, auf das Bogatzewer Ufer hinübersetzen und marschiere bis über das Gut Strzelzen hinaus die Chaussee, dann das Seeufer entlang bis nach Lötzen. Von Milken bis Lötzen sind dabei etwa 20 km zurückzulegen.

3. Rhein ([1] Allgemeines und Geschichte) hat in der Vergangenheit eine größere Rolle gespielt als in der Gegenwart. Sicher ist Rhein eine der ältesten Siedlungen des südlichen Ostpreußens. Sie hat wahrscheinlich schon im 11. und 12. Jahrhundert als altpreußische Siedlung eine führende Funktion gehabt. Im Jahre 1377 begründete Winrich von Knip=rode die Ordensburg, die nach Süden, die Talter Gewässer ent=lang, und weit auch nach Norden sichernde Ausblicke gestattet. Rhein war mit einem Pfleger, später nach 1525 mit einem Kämmereramt besetzt. Das Schloß geriet aber trotzdem im 17.

und 18. Jahrhundert stark in Verfall, wurde im Anfang des 19. Jahrhunderts als Militärfouragemagazin benutzt und kam auch in Privathände. 1853 wurde ihm die traurige Funktion eines Frauenzuchthauses zuteil, als welches es 1881 innen vollständig ausbrannte. Im Jahre 1911 wurde das Zuchthaus aufgelöst und das völlig veränderte Schloß dient heute verschiedenen, weniger markanten Zwecken. Die Geschichte Rheins*) hat Heß v. Wichdorff mit liebevoller Gründlichkeit beschrieben.

Die Stadt hat kaum 2000 Einwohner, besitzt eine größere Privatschule und eine schöne Kirche.

Den größten Wert aber besitzt Rhein in seiner äußerst reizvollen Lage, der nur mehr Wald fehlt, damit sie Rhein zu den schönsten Teilen des Landes rechnen lassen könnte. Immerhin ist der Blick vom hohen Ufer des nördlichen Teils der Talter Gewässer (Rheinischer See) einzigartig.

Auch Rhein hat infolge seiner geschützten Lage die Schrecken einer russischen Besetzung nicht erlebt. Rhein erreicht man von Lötzen aus am bequemsten über die Bahnstation Gr. Stürlack (Strecke Prostken — Lötzen — Königsberg). Vom Bahnhof Gr. Stürlack wandere man zunächst ins Dorf und benutze die an der Schule und Kirche abgehende Chaussee nach Süden (10 km) oder fahre mit dem Postauto für 1 Mk! — Direkt nach Rhein führt von Lötzen aus die am großen Festungsteich nach Südwesten abgehende (s. S. 20) Kieschaussee über Skoppen — Trossen (20 km). — Gelegentliche Wasserverbindung müßte in Lötzen erfragt werden. — Die Kleinbahnverbindung von Rastenburg (Bahnhof) nach Rhein ist 30 km lang.

[2]) Der Aufenthalt in Rhein ist in zwei Gasthäusern möglich. Die in Entstehung befindliche Jugendherberge ist beim Magistrat zu erfragen.

[3]) Spaziergänge: Die Umgegend Rheins ist durch ihre wundervollen Rundblicke großartig und auch charakteristisch bestimmt. Das Gelände liegt fast durchweg über der 170 m-Linie, erreicht im Süden von Rhein in der Nähe von Königshöhe sogar die 300 m-Linie. Wenn man das Nordende der Stadt verläßt und kurz hinter der Stadt einen in westlicher Richtung langführenden Feldweg geht, so kommt man auf eine 178 m messende Höhe «Seeblick» genannt. Von dort aus sieht man die ganze mittlere Partie der auf Seite 23 geschilderten Masurischen Schiffahrtsstraße im Südosten, davor die Stadt Rhein zwischen dem Rheinischen und dem Olaff-See, und hinter uns und neben uns überall Seen und Seen, den Verschmint-, den Jlawki-, den Guber-, den Orlener und Lawker See. — Eine

*) Hess v. Wichdorff, Beiträge zur Geschichte des Ordensschlosses und der Stadt Rhein; Verlag Kreisausschuss Lötzen 1926.

schöne Lindenallee führt uns auf einem etwa 1½ km langen Weg zu dem mitten im Walde gelegenen Schützenplatz mit schönen Ruheplätzen und fleißig geschaffenen Anlagen. Der Weg dorthin führt eine Strecke hindurch den Massussek- und den Olaff-See entlang und hat reiche Ausblicke auf diese Seen.

Typische ordenszeitliche Wachthügel findet man in Rheins Nachbarschaft am Orlener See und bei Gr. Notisten. Die Wege dorthin müssen erfragt werden. Dasselbe gilt von dem heidnischen Burgwall bei Jesziorken.

Rhein wird man als ostpreußisches Kleinstadtidyll und als schönes Stück der masurischen Landschaft immer liebgewinnen.

E. Lötzens Nachbarschaft.

In Lötzens unmittelbarer Nachbarschaft liegen zwei Städte, die an sich etwas größer als Lötzen, andererseits aber — die eine ärmer an landschaftlicher Schönheit, die andere infolge ihrer Abgelegenheit — für den Wanderer gegenüber von Lötzen nur sekundäre Bedeutung haben können: Lyck und Rastenburg.

1. Lyck.

1) Allgemeines und Geschichte. — Lyck ist von Lötzen in 1½ Stunden auf der Bahnlinie Königsberg-Prostken (47 km) zu erreichen und ist eine Kreisstadt des Regierungsbezirks Allenstein mit etwa 15000 Einwohnern, nach Allenstein also die größte Stadt des Bezirkes. Es besitzt alle für die Verwaltung eines Kreises notwendigen Behörden, ein Landgericht mit großem Gefängnis, ein Realgymnasium, ein Lyzeum und eins der größten und schönsten preußischen Lehrerseminare, das gegenwärtig zwecklos einer neuen würdigen Aufgabe harrt. Das Luisentheater hat seine Pforten im Jahre 1924 schließen müssen.

Lyck hat sich im Anschluß an eine Wasserburg entwickelt, die der Komtur von Balga 1390 auf der Insel im Lyck-See angelegt hatte. Während des dreißigjährigen Krieges wurde Lyck 1454 von den Polen verbrannt. Die Tatareneinfälle haben auch über Lyck ihre Geißel geschwungen. 1669 wurde Lyck zur Stadt erhoben. Die Kirche Lyck hat eine tragische Geschichte — die erste verbrannte —, die andere mußte wegen Baufälligkeit geschlossen werden — und die nächste 1850 eingeweihte zerstörte der Weltkrieg —, der Lyck von Mitte August 1914 bis Anfang September 1914 und von Mitte November 1914 bis zum 14. Februar 1915 unter die russische Knute brachte, an welchem Tage wiederum das ruhmvolle 33. Füsilier-Regiment in Gegenwart S. M. des Kaisers und Hindenburgs und Ludendorffs Lyck in bitterer, kalter Winterszeit mit hervorragendem Schneid stürmte.

Heute ist der Wiederaufbau Lycks beendet, — der Bahnhof und die von ihm abgehende Straße machen einen sehr modernen Eindruck, auch das Seeufer selbst hat jetzt ein schönes Antlitz bekommen. Die Wasserburg des Ordens ist ein Gefängnis geworden, das die Schwerverbrecher des ostpreußischen Südens beherbergt und heute natürlich kaum noch einen Ziegel der deutschen Ritter besitzt.

2) Aufenthalt: Lyck wird dem Reisenden sicher angenehmen Aufenthalt gewähren können. Ganz abgesehen davon, daß in Lyck mit gesellschaftlichen Unternehmungen größeren Stils zu rechnen ist, ist die Umgegend Lycks reizvoll. Die Jugendherberge befindet sich im Feierabendhaus (20 Lager) bei der Hüterin desselben, Schwester Maria Yera, Kaiser Wilhelm-Straße 19/20.

3) Spaziergänge: Man besuche das nur 2½ km entfernt liegende Sybba und den 1½ km weiter in derselben Gegend in tiefem Walde liegenden Tataren-See! — Wer auch einen Blick über die Grenze werfen will, fahre nach dem in der Bahnlinie nur 16 km entfernt liegenden Prostken.

Und pietätvoll besuche man von Lyck aus das Kriegsdenkmal der Winterschlacht in Masuren bei Grabnick, das von der Bahnstation Woszellen (9 km von Lyck) oder von Jucha aus (18 km von Lyck) in etwa einer Stunde zu erreichen ist.

Von dort aus besuche man den Woszeller und den Laszmiaden-See, über dessen Eis hinweg die stürmenden Deutschen Raum gegen Lyck gewannen. Grabnick hat eine Jugendherberge (10 Lager) bei Rektor Weber. Sie ist aber nur für Knaben und nur für die Zeit vom 1. 4.—1. 10. bestimmt. In der Nähe des Laszmiader-Sees liegt die Jugendherberge Stradaunen (5 Lager im Gemeindehaus, Pfarrer Klatt).

Die Andacht dieser Stätten wird der Abschiedsstimmung aus Deutschlands östlichstem Winkel die rechte Weihe geben!

2. Rastenburg

eine schmucklose Gegend, wenn wir aus den mit Schönheit überschütteten masurischen Städten kommen; dafür aber eine Gegend, in der der Weizen und die Zuckerrübe Reichtum geschaffen haben, woran es in Masuren so außerordentlich fehlt.

1) Allgemeines und Geschichte: Rastenburg ist eine Kreisstadt des Regierungsbezirks Königsberg mit etwa 14000 Einwohnern, allen Behörden des Kreises, einem Realgymnasium,

einem Ober=Lyzeum, einer Zuckerfabrik, einem großen Gestüt, einem Bataillon in Garnison und mit einer herrlichen Kirche, die der Stadt, wenn man zu ihr von Königsberg kommt, ein süddeutsches romantisches Aussehen verleiht, zumal sie sich über der alten bewachsenen Stadtmauer gewaltig aufbaut,

Rastenburg, das man von Lötzen nach einer 3/4 Stunde Bahnfahrt (30 km) erreichen kann, hat sich auch um eine Ordensburg entwickelt, die mit ihrem Torhaus noch recht gut erhalten ist und die wahrscheinlich im Jahre 1329 auf dem steilen Ufer der heute winzig erscheinenden Guber — im Osten durch den heutigen Oberteich geschützt — angelegt wurde. Rastenburg hatte schon im Jahre 1625 eine Pest zu durchleiden, die 1500 Menschen fortgerissen haben soll. Im Weltkrieg ist Rastenburg vor einer größeren Invasion verschont geblieben. Es ist in wirtschaftlicher Hinsicht als die Stadt der Zuckerfabrik und der großen Mühlen, sowie in allgemeiner kultureller Hinsicht durch seine riesige Provinzial=Schwachsinnigen=Anstalt — und durch die nur 3½ km in südlicher Richtung entfernt liegenden riesigen Anstalten fürsorgender Liebe, die eine kleine «Stadt», Karlshof, geschaffen, bekannt geworden.

2) Der Aufenthalt: Rastenburg besitzt mehrere modern eingerichtete Gasthäuser.

3) Spaziergänge: Außer dem Besuch des 3½ km entfernt liegenden Karlshof ist der Besuch der nur 15 km entfernt liegenden «Heiligelinde» mit ihrer im Osten Deutschlands einzigartigen katholischen Spätrenaissance=Kirche aus dem Jahre 1687 sehr zu empfehlen. Heiligelinde ist ein Wallfahrtsort vieler, auch polnischer Katholiken. Heiligelinde hat eine Jugendherberge mit 13 Lagern in 2 Räumen, die durch das Katharinenschwesternhaus am Markt verwaltet wird, aber nur in der Zeit vom 1. 5.—1. 9. zur Verfügung steht.

F. Schlußwort.

Wenn's Dich nun heimwärts zieht, Wanderer, — so nimm von dieser weltfernen, einzigartigen Landschaft Abschied, indem Du noch einmal die Insel des Friedens besuchst: Upalten — und abends mit unserm Dampfer heimkehrst!

Still gleitet der Dampfer dann durch die Fluten, eine sehnsuchtsvolle Seele mit sich tragend durch den stillen Abend, dessen traumhaftes Schweigen nur durch das Rauschen des Wassers am Bug vielsprachig unterbrochen wird. Und wenn des Tages großes Gestirn zum letzten Kusse von Wasser und Erde durch die schwarze Waldmauer blickt, — dann bekommen die harmonisch zersprühenden Sonnenstrahlen Rokokoseele zu seidentrillernden Geigentönen, — bis der letzte Strahl die Fläche golden begießt, daß daraus in Dir der Celloton süßester Romantik wird! So wirst Du eingewiegt, — und das dunkele Violett am Rande des türkisblauen Himmels streichelt Dir die träumende Stirn, — bis der Mauersee alles, auch den letzten Schimmer schwarz in sich hineingetrunken hat. Dann bist Du Eins mit ihm, — und hoch und weit umspannt der tief, tiefblaue Himmel Euch beide!

Und wenn dann die Lichter der Stadt Dir künden, daß Du die letzte Station zu machen hast — — dann schauert's in Dir — nicht nur vor Abendkühle — nein, auch vor der Größe dessen, das in Dir war, — von dem ich hier doch nicht zu sprechen wagte!

So gehe und künde: Du habest ein Land gesehen, das Erde und Menschen innig nahe zueinanderbringt, — ein Land, das rein ist wie seine Schönheit, ein Land, dessen Menschen noch wollen, daß die Erde schön sein mag, — dessen Menschen noch glauben, glauben fest und unerschütterlich, daß diese Schönheit Deutschland einst krönen wird, wie es der Tannenberggeist nach göttlichem Siegen und Sterben Dir und mir es einst befahl!

G. Jugendherbergen im Gebiete der Masurischen Seen.

Ort	Kreis	Art der Herberge und Lagerzahl	Anmeldungen bei:	Führer Seite
Alt Ukta	Sensburg	In Vorbereitung	Hauptlehrer Randzio, Schule	34
Angerburg	Angerburg	Ehemalige Kavalleriekas.; 42; (4 Räume)	Knitter, Kaserne 2	45
Arys (nur 1. 4.—30. 10.) . .	Johannisburg	Budda; 10; (1 Raum)	Buddawirt Böttcher	50
Bialla	Johannisburg	Königl. Hof, Bahnhofstr. 20; (2 Räume)	Rudolf Schuck	Im Führer nicht erwähnt
Grabnick (nur 1. 4.—1. 10.; nur für Knaben) . . .	Lyck	Schule; 10; (1 Raum)	August Weber	54
Hegewald	Angerburg	Die Baracke wird neu aufgebaut	Stüber, Jakunowken	46
Johannisburg	Johannisburg	Gasthaus Johannishöhe; 10; (5 Räume)	Arndt	37
Klaußen (nur 1. 4.—30. 9.) .	Lyck	Pfarrhaus; 22; (1 Raum)	Pfarrer, Walsdorff	Im Führer nicht erwähnt
Kurwien (nur 1. 4.—30. 9.) .	Johannisburg	Glockenturm; 25; (1 Raum)	Pfarrer Muscheites	33
Lötzen (nur 1. 4.—1. 11.) . .	Lötzen	1) Nur Knaben: Sportpl. Althof; 58; (3 Räume)	Besitzer Auga	17
		2) Nur Mädchen: Mädchenschule an der Kirche; 27	Hausmeister Roßbach	17

Ort	Kreis	Art der Herberge und Lagerzahl	Anmeldungen bei:	Führer Seite
Lyck	Lyck	Städt. Feierabendhaus, Kaiser Wilhelmstraße 19/20; 20; (1 Raum)	Schwester Maria Yera	54
Nikolaiken (nur 1. 5.—15. 10.)	Sensburg	Evangel. Gemeindehaus; 22; (2 Räume)	Frau Superintendent Baatz	29
Rhein	Sensburg	Magistrat; 12	Magistrat	52
Rudczanny (nur 15.4.—15.10.)	Sensburg	Militärbaracke; 62 (5 Räume)	Rundmann	32
Sensburg	Sensburg	Polizeischule; 20; (2 Räume)	Polizeirat Edelmann	39
Sowirog	Johannisburg	Schule; 12; (2 Räume)	Lehrer Beckhern	33
Stradaunen	Lyck	Gemeindehaus; 5	Pfarrer Klatt	54
Weißunen (nur 1. 4.—31. 10.)	Johannisburg	Schule; 8; (1 Raum)	Lehrer Bondzio	32
Heiligelinde (nur 1. 5.—1. 9.)	Rastenburg	Bursa; 13; (2 Räume)	Katharinaschwesternhaus am Markt	55
Kl. Beynuhnen	Darkehmen	Rathaus; 46	Kaufmann Ehmer	46

Vaterländische Gedenkhalle

der Stadt Lötzen und der Feste Boyen im Schloß

1. Vorgeschichtliche Sammlung
Funde aus der Stein- und Bronzezeit
Gräberfeld aus der Eisenzeit an der Kullabrücke

2. Ehrenhalle
mit Bildern und Aussprüchen der Fürsten
und großen Heerführer

3. Kriegsgeschichtliche Sammlung
mit Erinnerungen an die Kämpfe um Lötzen;
Bilder aus dem zerstörten Masuren

4. Heimatkundliche Sammlung

Täglich geöffnet von 9—12 Uhr vormittags
und 2—5 Uhr nachmittags

Eintritt 50 Pf. Militär und Kinder 25 Pf.
Schulen und Vereine erhalten Preisermäßigung

Gebr. Rimmek

Lötzen i. Masuren Fernruf 401

Das Haus der guten Qualitäten

für Manufaktur- und Modewaren

Damen-, Herren- u. Kinderkonfektion

Herrenartikel

Handschuhe und Strümpfe

Trikotagen und Wollwaren

Damenwäsche

A. Puschke

Lötzen Ostpr.

Markt 28, Telefon 236

Conditorei und Café

Schokoladen

Confitüren

ff. Kaffeegebäck

KURHAUS

LÖTZEN

Besitzer: Franz Effta / Fernruf 349

Empfehle mein neu erbautes, der Neuzeit entsprechend eingerichtetes Hotel

Herrliche Lage gegenüber dem Schloß und der Gedenkhalle

Größter Konzertsaal mit moderner Bühne am Platze
Vornehmes Familien-Restaurant

Täglich Künstlerkonzert

Anerkannt gute Küche - Eigene Konditorei
Solide Preise - Autogarage

Markt-Drogerie

Fritz Murach

Fernspr. 228 Lötzen Markt Nr. 14

Drogen, Chemikalien
Kolonialwaren
Farben — Lacke — Pinsel
sämtliche Photoartikel
Kunst-Feuerwerke
Artikel zur Schönheits- und Körperpflege
Parfümerien
Verbandstoffe, Krankenweine
Desinfektionsmittel

Maschinenöle und Fette
Tee, Kakao, Bonbons und Schokolade

Konditorei und Kaffeehaus
zum
Feldmarschall von Hindenburg

Inhaber: Richard Reiner
Fernruf 39 **Lötzen in Masuren** Fernruf 39
Königsberger-, Ecke Busse-Str., 15 Min. v. Bahnhof

Aelteste Konditorei am Platze, vornehmstes und modernstes Lokal Masurens, Treffpunkt aller Fremden
Unmittelbar an der Vaterländischen Gedenkhalle und den Dampferanlegeplätzen
Hindenburg-Erinnerungen, Gedenkbücher an Deutschlands große Zeit
Täglich Künstler-Konzert erster Solisten
nachmittags 4 Uhr und abends 8 Uhr
Treffpunkt der Vaterländischen Verbände
Anerkannt vorzügl. Gebäck: Dessert, Kaffee und Teekuchen
Eisspezialitäten
Grosse Auswahl in Schokoladen, Konfitüren und Erfrischungsbonbons — Keks (Baisen)
Erstklassige Küche **Bestgepflegte Weine**
Anstich von Münchener und Königsberg-Schönbuscher Bieren
Reisegesellschaften
stehen bei Anmeldung grössere und kleinere Säle zur Verfügung

Loehns Conditorei und Café
Erste am Platze mit Kraftbetrieb
Telefon 38 **Lötzen Ostpr.** *Telefon 38*
Erstes fachmännisches Unternehmen
*Große moderne luftige Räume mit versenkbaren Fenstern und schattigen Veranden * 10 Minuten vom Bahnhof u. Dampfer*
Billard-Saal * Vereinszimmer
Feinste Backwaren, Konfitüren
Schokoladen u. Erfrischungen
Gute Küche zu jeder Tageszeit
Weine, Liköre, Zigarren usw.
Spezial-Ausschank
Brauerei Englisch Brunnen, Elbing
Täglich Künstler-Konzert

Neu! **Bundes-Kegelbahn!** *Neu!*

Hotel Deutsches Haus

Lötzen

Besitzer: G. Neumann

Fernsprecher Nr. 18

Ältestes und erstes Haus am Platze

Zentralheizung, Ausstellungsräume
Autoboxen für 6 Wagen
40 Fremdenzimmer mit 57 Betten
Station des Deutschen Radfahrerbundes.

Vorzügliche Küche   Bestgepflegte Biere

Hausdiener resp. Wagen
zu jedem Zuge und Dampfer

Hotel Kaiserhof

Lötzen

Inh. AUGUST BACKHAUS

Fernsprecher Nr. 37

*

Vollständig renoviert
30 Zimmer, 40 Betten, Zentralheizung
Fließendes kaltes und warmes Wasser
Ausstellungsräume
Verschließbare Autogaragen für 6 Autos
Bekannt gute Küche - Zivile Preise.
Hausdiener zu jedem Zug und Dampfer

Schloß=Hotel

Lötzen Ostpr.

neu erbaut

Telefon 277 Inh.: Otto Kuhrau Telefon 277

am Kanal, Dampferhaltestelle

Empfiehlt seine anerkannt gute Küche sowie Getränke — Gut eingerichtete Fremden= und Vereinszimmer — Badeeinrichtung — Garage
Reelle Bedienung

Walter Sakowski

Fernruf 78 Lötzen Fernruf 78

Haus der Moden

Damen- und Herren - Konfektion

Münchener Lodenbekleidung
für Damen und Herren

Oberhemden, Sport-Sweater, Yachtmützen
Socken, Prof. Dr. Jägers Unterwäsche
Bleyles Knabenanzüge

Ölbekleidung Regenmäntel

D. Jacoby

Hoflieferant

LÖTZEN IN MASUREN

Versandgeschäft
für Pelzwaren
Lederkleidung

Jagd-, Sport- und Reisebekleidung

Rucksäcke / Gamaschen

Ernst Schlegel

Lötzen Ostpr. - Königsberger Strasse 25

Telefon 331

Lederwaren / Reiseartikel

Damentaschen, Aktentaschen, Reisekoffer, Reisetaschen, Sportartikel
Geschirre u. Reitausrüstungen
Größte Spezial-Werkstätte mit
elektrischem Betrieb

*

Taue und Leinen für Landwirtschaft, Fischerei und Industrie :: Netze, Garne, Angelgeräte
Sämtliche Artikel für den Segelsport

E. Krebs, Lötzen

Lycker Straße 34

Tel. 130 Automobile Tel. 130

Auto-Vermietung

Werkstätte, Tankstelle

Opel- und DKW.-Ersatzteillager

Garagen

Warenhaus

A. Orlowitz, Lötzen

Markt 12 Telefon 52

*

Spezial-Abteilung für

Sport- u. Touristen-Ausrüstung

Reise-Andenken

Regenmäntel :: Lederkleidung

Wäsche Anzüge

Die

Lötzener Zeitung

das überparteilich-nationale Heimatblatt
für Stadt und Land
mit der Beilage
Amtliches Kreisblatt
ist die
älteste und verbreitetste Tageszeitung
des Kreises Lötzen
und das
wirksamste Insertionsorgan.

Aktuellste Berichterstattung durch eigenen Funk- und Telefondienst.

Verlag von Paul Kühnel / Lötzen Ostpr.
Geschäftsstelle: Lötzen, Markt 7. Fernsprecher Nr. 515.

*

Die

Buchdruckerei Paul Kühnel

Lötzen, Markt 7

fertigt in ihrem modern eingerichteten Betriebe alle Drucksachen von einfachster bis zur feinsten Ausführung zu billigsten Preisen bei gediegener Qualität.

Emil Uwis

Nikolaiken Ostpr.

Telefon 59

Anlegestelle der Personendampfer

Conditorei und Café

Große Terasse für 100 Personen
unmittelbar am See

Schokoladen * Confitüren
ff. Kaffeegebäck

Kurhaus Wiartel

Kreis Johannisburg

Inhaber Heinrich Krisch

Fernsprecher Wiartel 1

Am schönen Wiartel= und Niedersee, mitten in der
Johannisburger Heide ruhig gelegen

Neuzeitlich eingerichtet — 12 Fremdenzimmer
Elektrisches Licht — Badeeinrichtung

Allgemein beliebter
Ausflugs- u. Erholungsort

Nächste Bahnstation: Breitenheide u. Johannisburg

Gute bürgerliche Küche, Bestgepflegte Weine u. Biere

Ruderboote und Motorboot zur Verfügung
Gute Angel- und Badegelegenheit
— Autogaragen —
Motorboot= und Dampferanlegestelle Vorder=Lippa

Nikolaiken Ostpr.

Hotel Warda

Tel. Nr. 11 Besitzer Joh. Warda Tel. Nr. 11

in der Nähe der Dampferanlegestelle

empfiehlt dem reisenden Publikum

seine vollständig renovierten

Fremdenzimmer und Restaurationsräume

sowie

Saal für Vereine

Anerkannt gute Küche und Getränke

Nikolaiken Ostpr.

(Masurisches Venedig)

Hotel Deutsches Haus

Besitzer: Fritz Hensel

am Markt, Fernsprecher Nr. 10

Den Touristen bestens empfohlen

Hausdiener zu jedem Zuge und Dampfer

Anerkannt gute Küche **Solide Preise**

Angenehmer Aufenthalt - Geräumige Lokalitäten

Nikolaiker Spezialität:

Geräucherte Maränen

Delikateste Fische der Welt.

Kurhaus und Walderholungsheim Grunwald

Telefon Alt Ukta 1 **Cruttinnen** Inh. M. Bielefeldt

in schönster Gegend Masurens gelegen, eingefaßt von herrlichen Laub-, Nadelwäldern und Seen / Mit herrlicher Talfahrt auf dem Cruttinnafluß, die Perle Masurens genannt / Cruttinnen wird in Bezug auf Naturschönheiten von keinem anderen Kurort Masurens erreicht

✡

Gute Zimmer / Pensionspreis niedrig / Verpflegung erstklassig

Cruttinnen Ostpr.

die Perle der Masurischen Schweiz

umgeben von großen Laub- und Nadelwäldern, vielen Seen und dem berühmten Cruttinnafluß mit seinen herrlichen Bootfahrten

Kurhaus-Hotel Meckelburg

Inh.: Wilhelm Kleschies, Cruttinnen Ostpreussen

Telefon Alt-Ukta 5 — Bahn- und Poststation

Empfehle mein Haus für

Pensionäre, Vereine, Radler und Touristen

auf Tage und Wochen

Anerkannt gute Küche und Keller

Pensionat Waldesruh

Inh. Frau Anna Friemann

Cruttinnen, die Perle Masurens

Telefon Alt-Ukta 55

Ganz neu erbaut, mit allem Komfort der Neuzeit ausgestattet, von Wald, Seen und Fluß umgeben. Sportliche Unterhaltungen wie Rudern, Angeln, Waldwandern usw. sind geboten, kurzum, mit allem, was zur Erholung und körperlichen, sowie geistigen Gesundung erforderlich ist, wird aufgewartet.

Voranmeldungen erbeten,
da Plätze sehr schnell belegt.

Bestellungen werden jederzeit schriftlich, mündlich oder telefonisch entgegengenommen.

Also auf nach Cruttinnen.

Bahnhofswirtschaft Rudczanny

Inh. Fritz Podkowa

Fernruf: Rudczanny Nr. 8

empfiehlt sich dem reisenden Publikum durch gut bürgerliche Küche, bestgepflegte Weine und Biere zu soliden Preisen.

A. Fritzler Nachf.

Inh. Ernst Lepenies

Fernsprecher 579 **Lötzen** Königsbergerstr. 4

Fertige Herren- und Damen-Kleidung

*

Herren- und Damen-Badewäsche

*

Sport- und Reiseartikel

Lötzener Raiffeisenbank

e. G. m. u. H.

Annahme
von Spareinlagen und Depositen
zu den höchsten Zinssätzen

—

Gewährung
von Krediten aller Art

—

Ausführung
aller bankgeschäftlichen Aufträge

Paul Kühnel

Buch- und Papierhandlung

Markt 7 **Lötzen** Fernruf 515

Heimatbücher Masurens

*

Führer und Wegekarten

*

Originalradierungen masurischer Motive von ersten Künstlern

*

Ansichtspostkartenverlag

*

Ostmark-Literatur

Кому An Herrn Kommandant von der Feste Lötzen

Отъ кого

191 г. „ „ August мѣсяца „5" час. „40" мин. morgens

№ Изъ (откуда отправлено)

Карта

Получено „ „ час. „ „ мин. Въ (гдѣ получено)

Кѣмъ доставлено

Lötzen ist schon von den Truppen der Russischen Kaiserlichen Armee ganz eingeschlossen. Unnützlich ist eine weitere Verteidigung der Feste. Mir ist befohlen Sie zu beauftragen die Festung freiwillig uns zu übergeben – damit kann man vermeiden unnützlichen Verluste. Sie haben zu Ihrer Verfügung 4 Stunden um die unsere Bedingung zu überlegen. Wenn Sie nicht wollen mit dieser Bedingung zufrieden sein, so wird man mit offener Kraft die Festung nehmen und in diesem Falle dort kein Stein auf" Steine nicht gelassen wird.

Chef der Kolonne

[illegible]

Aufforderung zur Übergabe der Feste Boyen durch die Russen am 26. Aug. 1914

Euer Exzellenz !

Euer Exzellenz bringe ich mein lebhaftestes Bedauern zum Ausdruck, daß die von Euer Exzellenz vorgeschickten Parlamentäre

– 1 Major, 1 Adjutant, 1 Trompeter –

von meinen Truppen angeschossen worden sind. Ein vorgeschobener Posten hat sie von der Seite bezw. vom Rücken aus gesehen und will die Parlamentärflagge nicht gesehen haben.

Joh werde den Vorfall peinlich untersuchen und stelle strenge Bestrafung in Aussicht.

Euer Exzellenz konnen versichert sein, daß von meinen Truppen streng nach den Gesetzen des Volkerrechts gehandelt wird.

Die Verwundeten sind in das Lazarett aufgenommen; sie erhalten dort die beste Pflege und werden nicht als Gefangene behandelt.

Sobald es deren Zustand erlaubt, werden diese ausgeliefert werden.

Was Jhre Aufforderung anbetrifft, die Feste zu übergeben, so weise ich dieselbe für mich und meine tapfere Besatzung als im höchsten Grade beleidigend zurück.

Die Feste Boyen wird nur als Trümmerhaufen übergeben.

Der Kommandant der Feste Boyen

Antwort des Kommandanten der Feste Boyen, Herrn Oberst Busse, auf die russische Aufforderung zur Übergabe der Feste

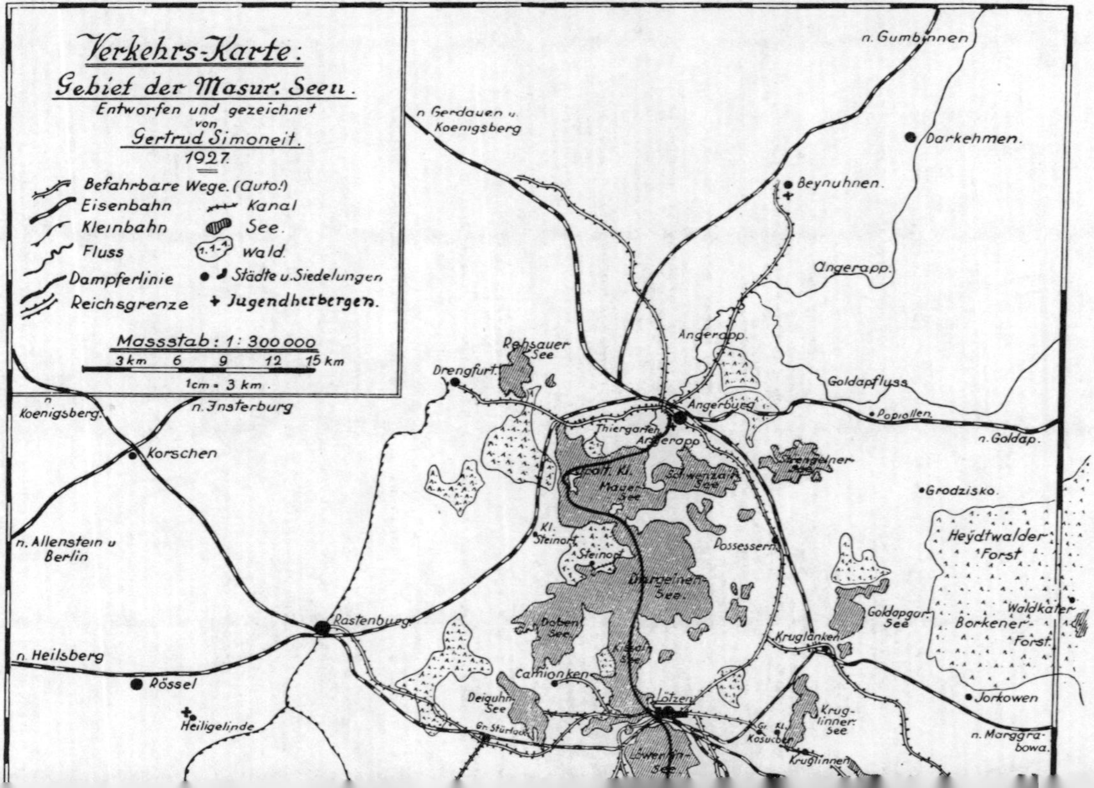

Verkehrs-Karte:
Gebiet der Masur. Seen.
Entworfen und gezeichnet von Gertrud Simoneit.
1927.
Befahrbare Wege. (Auto!)
Eisenbahn
Kleinbahn
Fluss
Dampferlinie
Reichsgrenze
Kanal
See.
Wald.
Städte u. Siedelungen
Jugendherbergen.
Massstab: 1: 300 000
3 km 6 9 12 15 km
1 cm = 3 km.
n. Gumbinnen
Darkehmen.
n Gerdauen u. Koenigsberg
Beynuhnen.
Angerapp.
Angerapp.
Goldapfluss
Popiollen.
n. Goldap.
Rehsauer See
Drengfurt.
Angerburg
Thiergarten
Angerapp
n Koenigsberg.
n. Insterburg
Korschen
Mauer See
Schwenzait See
Grodzisko.
Heydtwalder Forst
Kl. Steinort
Steinort
Possessern
n. Allenstein u Berlin
Dargeinen See.
Goldapgar See
Waldkater
Borkener Forst.
Rastenburg.
Doben See.
Kissain See
Kruglanken
n. Heilsberg
Rössel
Camionken
Deiguhn See
Lötzen
Krug-linner See
Jorkowen
Heiligelinde
Gr. Stürlack
Gr. Kl. Kosuchen
Löwentin-See
Kruglinnen
n. Marggrabowa.

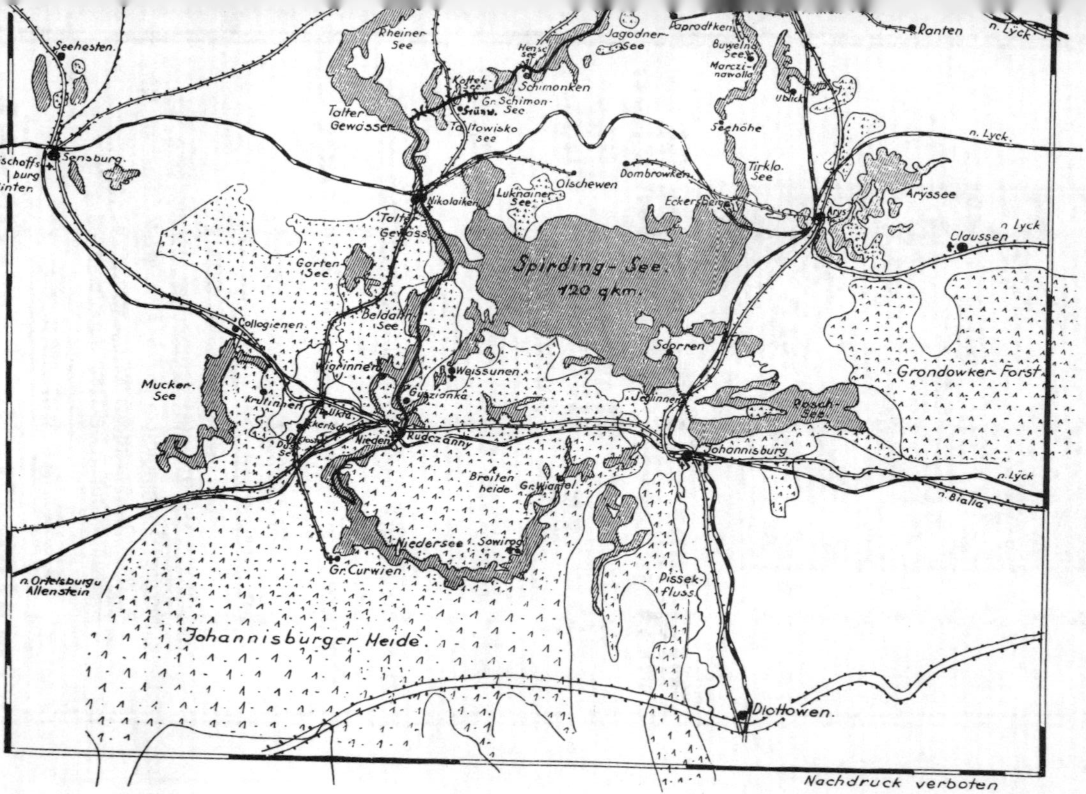

Seehesten.
Sensburg.
n. Bischoffsburg
Zinten
Rheiner See
Talter Gewässer
Kottek-See
Hense see
Schimonken
Gr. Schimon-See
Taltowisko see
Jagodner-See
Paprodtken
Buwelno See
Marczinawolla
Ublick
Seehöhe
Ranten
n. Lyck
n. Lyck.
Nikolaiken
Luknainer See
Olschewen
Dombrowken
Tirklo. See
Eckersberg
Arys
Aryssee
Claussen
n. Lyck
Talter Gewäss.
Garten See
Spirding-See.
120 qkm.
Beldahn See
Collogienen
Wigrinnen
Weissunen
Sdorren
Grondowker-Forst
Mucker. See
Krutinnen
Guszianka
Jeglinnen
Rosch-See
Ukta
Nieden
Rudczanny
Johannisburg
Breiten heide
Gr. Wiartel
n. Lyck
n. Bialla
Niedersee
Sowirog
Gr. Curwien.
n. Ortelsburg u Allenstein
Pissek-fluss
Johannisburger Heide.
Dlottowen.
Nachdruck verboten

Kreis-Spar-Kasse
Mohrungen
Ostpreußen
Zweigstelle in Saalfeld
Ostpreußen
Kreis-Bank
Abt. der Kreissparkasse

Kreissparkasse Mohrungen Ostpr.
Kreisbank Mohrungen Ostpr.

— Abt. d. Kreissparkasse —

Oeffentl.-rechtl. Geldinstitut unter Haftung des Kreises

Sparverkehr bei bestmöglichster Verzinsung

Prompte Ausführung von Bankgeschäften

Reichsbank-Giro-Konto Elbing
Postscheckkonto Königsberg Pr. Nr. 3699
Elbinger Stadtbank, Elbing
Landesbank der Provinz Ostpreußen, Königsberg Pr.
Girozentrale (Kommunalbank) f. d. Ostmark, Königsberg Pr.
Brandenburgische Girozentrale
- Brandenburgische Kommunalbank - } Berlin

Fernruf 40 u. 80

Zweigstelle in Saalfeld Ostpr.

Durch Oberländische Seen

von

B. Eckart.

Ein Begleitwort
zu den Motorbootfahrten der Reederei
O. Munter-Saalfeld Ostpr.

Vorwort.

In dem vorliegenden Büchlein möchte ich versuchen, den Nachweis zu führen, daß unser ostpreußisches Oberland mit seinen Wäldern und Bergen, mit Seen und Kanälen, mit Wiese und Feld wohl wert ist, zum mindesten von allen Ostpreußen gekannt und in den Ausflugsverkehr mit einbegriffen zu werden. Geschichte und Sage geben dem Oberlande einen eigenartigen Hauch von Romantik und Menschenwerk und Natur einen besonderen Reiz. — Zu begrüßen war es daher, daß sich die Motorbootreederei O. Munter-Saalfeld entschloß, mit ihrer „Ursula“, einem schnittigen, schnellen Boot, den Besuch dieses schönen Erdenfleckchens zu ermöglichen, zu erleichtern. Wer das Oberland besuchen will, begnüge sich nicht am einmaligen Schauen, er vertiefe sich in seine Schönheiten, um es immer lieb zu behalten. Sollte es mir gelingen, mit diesem Schriftchen Liebe zur Heimat zu erwecken und hin und wieder nähere Kenntnis zu vermitteln, so ist sein Zweck vollauf erfüllt.

Schnellwalde, im Januar 1927.
Kr. Mohrungen.

Bruno Eckart.

Das Landschaftsbild.

Lange verkannt und von Wenigen besucht lag das Oberland in weltvergessener Stille, träumten Seen in den Himmel, und die hohen Wälder an ihren Ufern wurden grün und wieder bunt, lagen verschneit im Winterschlaf, und nur den Fischern, Flößern und Schiffern, die ihr Beruf auf das Wasser, auf Seen und Kanäle rief, wurde die Schönheit der ewig sich verändernden Natur ein bunter Rahmen um das eintönige Bild ihrer harten Arbeit. Sie empfanden wohl jene Schönheit, aber es fehlte ihnen die Gabe, davon zu berichten, die Gelegenheit und die Veranlagung, vor Fremden ihr Herz darüber auszuschütten.

Aber nicht immer konnte soviel Schönheit der Welt verborgen bleiben. Sie mußte sich dartun, und heute ist jedem Gelegenheit gegeben, sie zu sehen und kennen zu lernen.

Versetzen wir uns im Geiste auf ein Wasserfahrzeug, das die Fahrt nach dem einzig schönen, waldigen Tharden unternimmt. Kaum stoßen wir vom Anlegeplatze ab, so umgibt uns die lichterfüllte Breite des Ewingsees mit seinen flachen, grünen Ufern. Aber der fern im Westen den Horizont säumende Wald läßt später folgende Schönheiten ahnen.

Wechselvoll gleitet die Landschaft an uns vorüber. Aehnlich weite Ausblicke, wie auf dem Ewingsee, hat man vom Geserich-, Abiscar-, Gr. Eiling-, Röthloff- und Bärtingsee. Dann wieder engen die Kanalufer unsern Blick ein und man hat Gelegenheit die Tier- und Pflanzenwelt zu beobachten. Auf kurzgrasiger Trift nistet der Kibitz, Störche gehen beschaulich auf der Wiese ihrer Beschäftigung nach, Taucher verschwinden lautlos unter der Wasseroberfläche, und Unmengen von Rohrsperlingen lärmen im Schilf. Ein Fischreiher läßt uns ganz nahe an sich herankommen, um sich dann, anfangs schwerfällig, später geschickt und stolz in die Luft zu erheben. Plötzlich scheuchen wir einige Wildenten auf, die im Schilf brüten. Wer Glück hat und genau zusieht, mag auf den Zweigen überhängender Büsche auch einmal den wundervoll gefärbten Eisvogel erkennen, wie er, anscheinend teilnahmslos, nach Fischen ins Wasser späht. Bunte Schmetterlinge und schimmernde Libellen, hier „Glaser" genannt, gaukeln über dem Wasser. Vorsichtig lugend tritt auch hier oder dort ein Reh oder Hirsch aus der Tannenschonung.

In kühnem, schlankem Bogen spannen sich eine Reihe von Brücken über den Kanal.

Weiter gleitet unser Fahrzeug, vorbei an träumerisch, wie menschenleer daliegenden Ortschaften. Am Ufer aber spielen Kinder, die uns fröhlich zuwinken. — Ein friedlich schönes Bild! . . . mag auch der Jägersmann gedacht haben, der dort oben auf der Kanalböschung steht und seinen grünen Hut schwenkt. Ob der Frieden ihn nach hier gelockt hat oder die holde Maid, die dort Milchkannen spült? Wer weiß?

Nun öffnet sich wieder der Kanal, wie schon so oft, und ein See nimmt uns auf. In wechselvollem Grün grüßen Wälder, Wälder, so schön, wie nicht jeder sie kennt: Dichte alte Buchenbestände und Eichen, dann Kiefern, dann Erlen, dann wieder Tannen mit ihrem düsteren Schwarzgrün. Hoch oben nisten Reiher, und die Rohr- und Gabelweihen ziehen ihre Kreise im Blauen über dem See.

Hier ist das Ufer flach, dort steil, und immer Wald, hier langgestreckt, dort mit tiefen Buchten. Bald kommen wir an Inseln vorbei, manche nur mit Schilf bewachsen, andere mit Buschwerk und Wald, am Waldrand halbversteckt liegen Häuschen, wie das Großmutterhaus im Rotkäppchen.

Und nun ein Märchenbild! Der Dutzkanal! Feierliche Stille umgibt uns. Dicht tritt der Wald von beiden Seiten an das Ufer, ein Wald in einzigartiger Schönheit. Die Laubkronen schließen sich über uns, und wie in einem Laubengang gleitet unser Boot dahin. Nur wenige Sonnenstrahlen finden den Weg zum Waldboden und zaubern wunderbare Reflexe hervor. Ein Naturdom, wie man ihn sich nicht schöner denken kann.

Die „Ursula" im Dutzkanal.

Nun wird es hell. Wir sehen im lichten Sonnenschein den offenen See vor uns.

Oft bemerken wir mitten in der Ebene einen Hügel. Ein paar Bäume stehen drauf. Sie bergen unter ihren Wurzeln ein Geheimnis aus alter Heidenzeit — vielleicht ein Königsgrab! Und dort auf der Insel, dem Werder, ein steiler Abhang, ringförmige Wälle! — Eine altpreußische Fliehburg.

Ueber den Bergeskamm recken Kirchen ihre Türme gen Himmel.

Plötzlich reißt uns ein anderes Bild aus unseren Träumen, die uns in altersgraue Zeiten geführt hatten: An hohen Masten spannen sich die Drähte der elektrischen Leitung über den See. Ein Mast steht mitten darin auf einer Insel.

Und dort hinten, am Wald, am Bahndamm winkt Tharden, unser Ziel.

Gute Fahrt!

Etwas über das Kartenmaterial.

Wenn ich mir auch die größte Mühe gebe, bei der vorliegenden Fahrtbeschreibung alles, was in die Gegend gehört, so eingehend wie möglich darzustellen und zu erklären, so ist es doch unbedingt notwendig, die Fahrtbeschreibung an Hand der Karte zu verfolgen. Nur so wird es dem einzelnen möglich sein, ein klares Bild über die Oberländischen Seen und Kanäle zu gewinnen und — was auch nicht das Unwichtigste ist — ein klares Erinnerungsbild behalten.

Unter den vielen Karten von Ostpreußen und des Oberlandes möchte ich doch als die besten die Generalstabskarten und die Meßtischblätter empfehlen. Und zwar sind für die Fahrten erforderlich:

Reise A. Saalfeld—Tharden. Generalstabskarten 1 : 100 000. Blatt Nr. 132, 133, 165.
Meßtischblatt 1 : 25 000, Blatt Nr. 800, 801, 802, 894, 895, 896.

Reise B. Nach Dt. Eylau. Gen.-St.-K. Nr. 132, 165.
Meßt.-Bl. Nr. 800, 894, 991, 1087.

Reise C. Nach Maldeuten. Gen.-St.-K. Nr. 101, 132, 133.
Meßt.-Bl. Nr. 714, 715, 627, 628, 544.

Reise D. Nach Osterode. Gen.-St.-K. Nr. 132, 133, 166.
Meßt.-Bl. Nr. 896 (ab Liebemühl).

Das Geologische.

Wenn wir von einem erhöhten Teile der Uferränder unserer Oberländischen Seen, vielleicht von der zwischen Kerpen und Weepers gelegenen Höhe aus, einen Blick über das Geserichseetal werfen, so drängt sich uns unwillkürlich die Frage nach der Entstehung dieser langgestreckten Talsenken auf. Diese Senken, die in ihrem Raum nicht bloß einen See aufnehmen, sondern oft eine ganze Reihe, wie es uns ein Blick auf die Karte lehrt, erstrecken sich in ihren Hauptrichtungen sowohl von Osten nach Westen als auch von Norden nach Süden und in andern Schrägrichtungen. Andererseits wieder die Merkwürdigkeit, daß der Seegrund sandig oder steinig ist, desgleichen die Umgrenzung der Seen, während die Höhen aus Mergel oder Lehm bestehen, (S. Wirtschaftliches) gibt zum Nachdenken Anlaß.

In kurzen Zügen, wie es im Rahmen dieses Büchleins nur möglich ist, soll nun im folgenden ein kleiner Ueberblick über die erdgeschichtliche Entstehung des Oberlandes gegeben werden.

Die gesamte Oberflächengestaltung Ostpreußens verdankt ihre Entstehung dem Zeitalter des Quartär. Es ist dies die erdgeschichtliche Periode der Eiszeiten, von denen die Wissenschaft vier unterscheidet.

Infolge eigenartiger Einwirkungen mag in damaliger Zeit, etwa vor 200 000 bis 300 000 Jahren eine Polverschiebung stattgefunden haben, sodaß, durch diese bewirkt, ganz Nordeuropa von Gletschern bedeckt war, deren Mächtigkeit man, mit den noch vorhandenen grönländischen Gletschern verglichen, auf 1000 bis 2000 m schätzt. Diese Gletscher schoben sich von Norden nach Süden vor, höhlten bei ihrem Niedergang von den skandinavischen Bergen das Ostseebecken aus und vernichteten damit jene Wälder, deren Harz uns den Bernstein lieferte.

Das Eis lagerte sich dann bis an die Südgrenze unserer Provinz. Zeitweise schmolz es nach Norden zurück, um nach gewisser Zeit sich wieder nach Süden vorzuschieben. Man stelle sich die Art des Vordringens etwa so vor wie ein dicker Brot- oder Kuchenteig vorwärts gleitet. Gewaltige Stein- und Sandmassen aus Skandinavien froren in dieses Eis ein, wurden mit

Ecke am Dußkanal — Blick auf den Nötlossee.

nach Süden geschleppt, schrammten je nach ihrer eigenen Härte andere Gesteine, über die der Gletscher hinwegglitt, und verursachten dabei die noch heute häufig vorzufindenden Gletscherschrammen. Die Zeiträume, die durch das Vordringen und Zurückschmelzen der

Gletscher ausgefüllt wurden, bezeichnet man als Glazial- oder Interglazialzeiten. Beim Schmelzen des Eises lagerten sich die eingefrorenen Gesteine und Sande ab oder wurden von den Schmelzwassern fortgeführt und bedeckten in mehr oder weniger dicker Schicht den Boden. Die unter dem Gletscher entstandenen Schmelzwasser quollen unter demselben hervor (Gletschertore) und flossen von hier fächerartig auseinander. Von der Menge dieses Wassers können wir uns heute keinen Begriff machen, können es aber verstehen, daß es sich Wege im Boden aushöhlte, deren Ausmaße wir, im Anblick der Geserichseetalsenke, der Senke Samrodt-—Röthloff-—Eilingsee, oder der Senke Jäskendorfer-—Abiscar-—Kessel-—Gehlsee im Kartenbilde und auch auf unserer Fahrt vor uns sehen.

Der Abfluß nach Norden, wo der Erdboden sich nach dem Meere zu senkt, war dem Wasser durch den Gletscher versperrt. Es bildeten sich die in ost-westlicher oder auch schräger Richtung sich hinziehenden Staubecken, da der Gletscher nicht gleichmäßig schmolz, sondern an seinen Rändern ausgefranzt war. Oftmals mögen ganze Blöcke liegen geblieben sein, deren Schmelzwasser sich einen Weg nach den großen Talsenken bahnten und durch Auswaschung jene tiefen Schluchten verursachten, die sich uns oft jäh beim Vorbeifahren auftun.

Drang dann wieder das Eis vor, das durch seine Druck- und Schubwirkungen, durch Faltungen und Pressungen das Antlitz unserer Heimat von Neuem veränderte, so wölbten sich jene Höhen und Kuppen auf, die heute vielfach bewaldet, dem Oberlande ein so wechselreiches Aussehen verleihen, es zu einer Perle landschaftlicher Schönheit gestalten und von Jahr zu Jahr mehr Fremde herbeilocken, Fremde, die im Oberland keine Schönheiten zu finden glaubten und nun sehen und staunen und unvergeßliche Eindrücke mitnehmen in ihre oft weitab gelegene Heimat.

Das Geschichtliche.

A. Aus grauer Heidenzeit.

Man kann die Geschichte des Oberlandes nicht darstellen, wenn man sie aus dem Rahmen der Geschichte Ostpreußens herausreißt. Es ist deshalb notwendig, einen Ueberblick über die gesamte Geschichte Ostpreußens zu geben. Aus der Vorgeschichte muß man sich auf das beschränken, was der Prähistoriker aus Funden festgestellt hat. Der Umstand, daß die Ureinwohner Ostpreußens, die alten Preußen, oft Prussen, Pruzzen oder auch Borussen genannt, keiner Schrift kundig waren, nicht einmal einer Runenschrift, wie sie die altgermanischen Priester schon gebrauchten, erschwert die diesbezügliche Forschung ungemein. Mit einiger Sicherheit ist aber festgestellt worden, daß sie, abweichend von den Germanen, in geschlossenen Dörfern zusammen wohnten. Ihre Waffen und Handwerkszeuge fertigten sie aus Holz und Stein, später aus Bronze und Eisen. Viele alte Befestigungen, die man im Volksmund als Burgwälle, Schloßberge, Schweden- und Heidenschanzen bezeichnet, wurden in stattlicher Anzahl angelegt, meistens nach einem ganz bestimmten Schema. Der eigentlichen Burg, der Hauptburg, war die Vorburg vorgelagert, die einen weit größeren Raum einnahm als die Hauptburg. Umgeben war sie von zwei Wällen mit einem dazwischen liegenden Graben. Die Hauptburg war ringförmig. (Daher der Name „Ringwall"). Sie bestand aus ebenfalls zwei Wällen, von denen der äußere niedriger war. Hier, im Innern der Burg, mögen die Wohnstätten gewesen sein. Mit ziemlicher Wahrscheinlichkeit ist anzunehmen, daß diese Burgen nicht nur in Kriegszeiten bewohnt gewesen sind. Den preußischen Edellingen mögen sie auch zum dauernden Wohnsitz gedient haben. Sicherlich waren die Wälle mit Palisaden versehen, von denen heute allerdings in den seltensten Fällen nur Reste im Erdboden gefunden werden.

Zum Bau einer Burg wurde die ganze Bevölkerung herangezogen, durfte dafür im Kriegsfall mit ihrer Habe sich hierher zurückziehen (daher „Fliehburgen"). An andern Stellen wurden an Landengen gerade Wälle angelegt. Solche altpreußischen Befestigungen finden wir auf unserer Fahrt auf dem Bukowitzwerder im Geserichsee gegenüber Weepers. Von der Insel führt ein Damm unter dem Wasserspiegel nach Weepers, der heute noch von den Bewohnern des Werders mit Fuhrwerken benutzt wird. Das ist die Ursache, warum größere Wasserfahrzeuge den Weg westlich der Insel benutzen müssen. Ein anderer Burgwall findet sich bei dem malerisch gelegenen Kragge, ein Längswall am Gehlsee, den wir leider nicht berühren, ein gleicher am Nordende des Bärtingsees mit einem Laufgraben. Ein weiterer Schloßberg ist auf dem Schloßwerder im Bärtingsee.

Vielfach bauten die alten Preußen ihre Ansiedlungen als Pfahlbauten im Wasser. Vermutlich ist eine solche im Röthloffsee in der Nähe des „Linkschen Winkels". Die Fischer meiden diese Stelle, da sie hier ihre Netze zerreißen.

Die Bestattungsweise bei den alten Preußen ist nicht immer die gleiche. Bald finden wir Erdbestattung in Einzelgräbern, bald größere Friedhöfe, dann wieder Urnen mit Aschenresten ebenfalls als Einzelgräber und auch Friedhöfe. Die Urnenfunde mit Aschenresten lassen auf Feuerbestattung schließen. Ueber den Gräbern häufte man einen Erdhügel an, nachdem man aus flachen Steinen eine Kiste als Schutz für die Urnen gebaut hatte. Den Toten wurden vielfach ihre Waffen und andere Geräte mit ins Grab gegeben, und an Hand dieser läßt sich das ungefähre Alter des Grabes feststellen. Die Waffen bestehen in oft kunstvoll geformten Aexten aus Stein, Pfeilen, Bogen und Lanzen, von denen begreiflicherweise nur noch die Pfeil- und Lanzenspitzen aus Feuerstein erhalten geblieben sind. Aus der Bronze- und Eisenzeit stammen dieselben Gerätschaften aus Bronze und Eisen, dazu noch Schmuckstücke: Fibeln (d. s. Gewandnadeln) Spangen, Arm- und Halsringe. In späterer Zeit wurden die Schmuckstücke auch aus Edelmetallen gefertigt.

Eine natürliche Scheu hielt die Menschen alter und neuerer Zeit davon ab, diese Grabstätten zu betreten. Erst in neuester Zeit werden vielfach aus Unwissenheit oder auch Gewinnsucht diese alten kulturgeschichtlichen Denkmäler eingeebnet und dadurch zerstört und somit der wissenschaftlichen Erforschung entzogen. An einigen Stellen jedoch finden wir sie noch sorgsam mit Bäumen umpflanzt vor, und sie tragen zur Belebung und Verschönerung des Landschaftsbildes bei. Bei der Fahrtbeschreibung werde ich, wo dieselben vom Wasser aus zu sehen sind, darauf aufmerksam machen.

B. Die Ordenszeit.

Schon in früheren Jahrhunderten war mit dem Christianisierungswerk der alten Preußen — wenn auch vergeblich — begonnen worden. Gewaltige Fortschritte machte dies aber, als am Anfang des dreizehnten Jahrhunderts der Deutsche Ritterorden nach Preußen kam. Hermann Balk, der Führer der wenigen Ritter, vollführte die ersten Eroberungen. Von Thorn aus drang er nach Norden und Osten vor, den Besitz des eroberten Landes durch Burgen sichernd. Die altpreußischen Fliehburgen wurden häufig benutzt, und hier entstanden erst Holzbefestigungen und später die gewaltigen Backsteinbauten, die jeder, der Ostpreußen kennt, gesehen hat. Neben diesen Burgen entstanden viele Kirchen, von denen eine Anzahl in ihrer ursprünglichen Form noch heute erhalten ist.

Was über den kunstgeschichtlichen Wert und die Schönheit dieser Ordensbauten zu sagen ist, möchte ich in die Worte des Provinzialkonservators Dethleffsen zusammenfassen:

„Noch heute geben diese stolz ragenden Gebäude dieser schaffensfrohen und schaffensstarken Tage, den Städten und Dörfern des ganzen Gebietes, das der Orden überhaupt besiedelt hat, das Gepräge. Und trotzdem die ganze Bauaufgabe in verhältnismäßig kurzer Zeit bewältigt werden mußte, trotzdem die ganze Kunst und Technik eigentlich erst neu geschaffen werden mußten, trotzdem es Kriegsmänner waren, die diese

Bauten in gerade erst eroberten Gebieten und sicher mit begrenzten Mitteln errichteten, trotzdem der Kreis der Aufgaben nur ein enger und die Kunstform die einer engumrissenen Zeit war, trotzdem ist überall ein Reichtum, eine Frische, eine Unerschöpflichkeit in der Erfindung bis in die Einzelheiten hinein festzustellen, die wahrhaft erstaunt. So wurde das Sterngewölbe hier erst erfunden und gleich in größter Manigfaltigkeit abgewandelt, wurden Blenden und Staffelgiebel, Fialen und Maßwerke, Maßwerksmalereien im Aeußeren und Wandmalereien im Innern in einer nie sich erschöpfenden, immer frisch und immer auf der vollen Höhe seiner Aufgabe bleibenden Reichtume in dem Maße neu geschaffen, daß sich kaum an demselben Gebäude die bezüglichen Teile gleichblieben, geschweige denn sich an verschiedenen wiederholten. Ist das ganze Besiedlungswerk des Ordens zu bewundern, so ist es nicht zuletzt die Baukunst, die er sich schuf."

In der ersten Zeit des Vordringens des Deutschen Ritterordens in Preußen paßte man mitunter den Grundriß der Burg dem Gelände an, später baute man die Burgen fast durchweg in Viereckform. Besonders die Hauptburgen behielten diesen Grundriß bei. Jede Burg bestand in der Regel wie auch die vorhin erwähnten altpreußischen Fliehburgen aus der Hauptburg oder dem Hochschloß und der Vorburg. Die gesamte Anlage wurde umgeben — natürlich ist das nicht bei allen Ordensburgen gleich — von einem Wall. Als zweiter Ring folgte ein Graben, der in Kriegszeiten, wenn es nicht immer der Fall war, oft durch Anwendung von Pumpwerken mit Wasser gefüllt werden konnte. Nun folgte eine Mauer. Dies war die Umfassungsmauer der eigentlichen Burg bzw. die Mauer eines Gebäudes.

Auf unserer Fahrt werden wir eine Reihe von Ordenskirchen zu Gesicht bekommen. (Saalfeld, Weinsdorf, Liebemühl, Schnellwalde, Sonnenborn etc. S. Fahrtbeschreibung).

Bei der Besiedlung des Landes verfuhr der Orden auf folgende Weise: Er übergab einem Deutschen, oft einem bewährten Söldner einen bestimmten Landkomplex. Dieser Lokator warb darauf in Deutschland Ansiedler, meistens jüngere Bauernsöhne, aber auch Handwerker und Kaufleute und teilte das überwiesene Land an diese. Die Ansiedler waren dem Orden zur Steuerzahlung und Heeresfolge verpflichtet. Selbstverständlich zog der Lokator bei der Werbung in seine Heimat, und so kam es, daß Ostpreußen ein Siedlungsgebiet wurde, das an Buntscheckigkeit der Vertreter deutscher Stämme seinesgleichen suchte. Das Oberland wurde im Anfang des dreizehnten Jahrhunderts von Schlesiern, Thüringern, Sachsen, Hessen, Elsässern und Schweizern besiedelt. Die Ansiedler gaben gern den neugegründeten Ortschaften die Namen ihrer Heimat, z. B. Saalfeld, Osterode, Hagenau, Kahlau, Reichenbach usw. Unter der straffen und gerechten Verwaltung des Ordens, sowie durch die rationelle Bewirtschaftung des Bodens blühte das Ordensland bald empor und gelangte zu Wohlstand, wodurch es allerdings den Neid der angrenzenden Nationen, Polen und Litauer, erregte, was die unglückliche Schlacht bei Tannenberg 1410 zur Folge hatte. Der Orden gelangte nicht mehr zur Blüte. Große Teile des Landes fielen in die Hände der Polen bis es schließlich zur Auflösung des Ordensstaates kam. (1526).

C. Die Herzogs- und Königszeit etc.

Unter dem letzten Hochmeister und ersten Herzog Albrecht von Brandenburg begann nun das gewaltige Evangelisierungswerk, wobei sich besonders Georg von Polenz einen Namen machte, der als Missionar auch im Oberlande gewirkt hat. Von bedeutenden Ereignissen wären dann die schwedisch-polnischen Kriege mit ihren Tartareneinfällen zu erwähnen.

Tausende und Abertausende wurden von diesen Horden in die Steppen Rußlands als Gefangene entführt. Kaum einige von ihnen haben ihre Heimat wiedergesehen. Hier aber in Ostpreußen zerstörten die Tartaren alles. Eine Menge Kirchen fielen ihnen zum Opfer. Altargeräte wurden geraubt und bedeutende Bau- und Kunstdenkmäler vernichtet. Aus dieser und der vorhergehenden Zeit fehlen auch, da meistens verbrannt, die Kirchen- und anderen Chroniken.

Verhältnismäßig wenig litt Ostpreußen durch die Besetzung der Schweden, denn König Gustav Adolf hielt ebenso auf straffe Zucht wie auf Frömmigkeit.

Der Kampf der ostpreußischen Stände gegen den Großen Kurfürsten endete mit dessen Sieg. Es folgte 1678/79 die in der Geschichte einzig dastehende Schlittenfahrt des Großen Kurfürsten.

Hauptsächlich im Ermland aber auch im Oberland forderten die in dieser Zeit üblichen Hexenprozesse unzählige Opfer.

Preußen wird Königreich. – Bald darauf wütet die Pest in Ostpreußen (1709—11). In Saalfeld starben nach einem zeitgenössischen Bericht alle Menschen bis auf 7. Auch die Umgebung von Saalfeld wurde durch die Seuche sehr heimgesucht. (S. Sagen.)

Die Besiedlung durch die Salzburger 1732 berührte das Oberland nicht.

Als im siebenjährigen Kriege die Russen einrückten, brachen für die Bewohner Ostpreußens wieder schwere Leiden herein. Besonders als im Jahre 1758 die von preußischen Truppen ganz entblößte Provinz unter russische Herrschaft kam. Schwer fiel es den Beamten, Rußland den Treueid zu leisten und den Geistlichen, für russische Erfolge auf der Kanzel zu beten und die Siege — also preußische Niederlagen — zu feiern. Vielfach fanden Gewalttaten von Seiten der Russen statt.

Die Erwerbungen bei den Teilungen Polens, die als altes germanisch-deutsches Land zu Preußen kamen, brachten Ostpreußen wieder direkte Verbindung mit Brandenburg.

— Interessant dürfte es auch sein zu erfahren, daß Imanuel Kant bei dem Rittergutsbesitzer Hülsen in Gr. Arnsdorf bei Saalfeld als Hauslehrer tätig war. —

In diese Zeit fällt auch das Geburtsjahr Herders (24. 8. 1744). In seiner Geburtsstadt Mohrungen verlebte er seine entbehrungsreiche Jugend.

Wieder brachen Kriegsjahre herein; Napoleon besetzte 1807 unser Oberland. Aber fast schlimmer noch als die Gewaltherrschaft der Franzosen war die „Freundschaft" der den Preußen verbündeten Russen, die dem ostpreußischen Landmann schwerer fiel, als die Wut der Franzosen.

Teile der traurigen Reste der „Großen Armee" berührten auf ihrem Rückzuge von Rußland Saalfeld, Weinsdorf etc.

Jedes Dorf stellte dann seine Freiwilligen, und gerade, was vom Oberlande fürs Vaterland gestiftet worden ist, machte nicht geringe Summen aus.

Die Separation, die Revolution 1848, die Kriege 1864, 66 und 70/71, alles hinterließ die auch sonst üblichen Spuren.

Zum Glück wurde das Oberland im Weltkriege von den Russen nicht besetzt. — Es erfreut sich jetzt nach dem Kriege eines Aufschwungs in allen Erwerbszweigen.

Siedlungsbauten.

Die von den Ansiedlern seiner Zeit mitgebrachte Bauart, das Bohlenhaus, ist bis in jüngere Zeit beibehalten worden. Noch häufig finden wir jene Holzhäuser mit dem Charakteristikum der Vorlaube. Die Entwicklung zeigt sich heute noch in den Hausformen. Das bodenständige Baumaterial war das Holz, wovon in den ausgedehnten Waldungen unerschöpflicher Vorrat vorhanden war. Aber doch hat das Bohlenhaus dem massiven Ziegelbau neuerdings weichen müssen. Neue Holzhäuser werden kaum noch gebaut. In Weinsdorf ist das Rosenhahn'sche Gasthaus in diesem Stile erhalten geblieben. In Schwalgendorf sind noch mehrere vorhanden.

Ferner sind die im Oberlande anzutreffenden Grabdenkmäler z. B. in Sonnenborn sehenswert. Es finden sich dort auf den Kirchhöfen weniger Kreuze als diese eigenartig charakteristischen Denkmäler.

Das Wirtschaftliche.

Uralt ist in dieser Gegend die Fischerei. Schon die alten Preußen mögen sie in großem Umfange betrieben haben. Der Orden verlieh die Fischereigerechtigkeit auf den einzelnen Seen als besonderes Privilegium. Nach der Erbauung des Oberländischen Kanals nahm auch die Schiffahrt einen gewaltigen Aufschwung. Noch heute wird aus den großen staatlichen und privaten Forsten viel Holz durch Kanal und Seen nach Elbing und weiter geflößt. Die Forstwirtschaft ermöglicht einem großen Teil der Bevölkerung durch Holzschlagen im Winter Beschäftigung und Broterwerb. Wie in ganz Ostpreußen so finden sich auch im Oberlande eine Anzahl großer Güter. Erwähnt seien die Dohna'schen, Finckensteiner, Karnitter, Auer'schen etc. Begüterungen. Angebaut werden Getreide, Rüben, Hackfrüchte und geben überreiche Erträge.

Das Ackerland ist sehr ergiebig und wird rationell bewirtschaftet. Der fast durchweg schwere Boden eignet sich zum Anbau von Weizen. Nur in der näheren Umgebung der Seen finden wir oft leichten Sandboden (Skittlauken, Schwalgendorf, Weepers). Vieh- und Schweinezucht stehen in hoher Blüte. S. Fahrtbeschreibung: die Werder.

Fahrtbeschreibung.

A.

Von Saalfeld über Kragge, Liebemühl, Thorchen nach Tharden.

Bevor wir die Fahrt antreten, ein kurzes Wort über die Stadt Saalfeld. Sie ist gegründet im Jahre 1305 durch den Komtur zu Christburg, Sieghard v. Schwarzburg. Das Wappen der Stadt ist ein Heiliger, der in einem Kessel mit Oel, den Märtyrertod erleidet, der heilige Vitus. Später hat man statt der Flammen Ranken von Blumen gezeichnet. Die Stadt war im Mittelalter befestigt, die ehemaligen Stadtmauern sind noch an vielen Stellen zu erkennen. Außerhalb der Mauer lief ein heute noch zu erkennender Graben entlang. Deutlich sieht man ihn, wenn man von der Kirche nach dem See blickt. Heute befinden sich in dem Graben Gartenanlagen. Eine Burg hat die Stadt nie besessen, dagegen befand sich in Saalfeld ein Bernhardinerkloster, welches am Ende des fünfzehnten Jahrhunderts gegründet war, aber 1524 schon wieder einging. Das Kloster ist jetzt zu Wohnungen umgebaut. Es liegt im Nordosten der Stadt. Der Sage nach verbindet ein unterirdischer Gang das Kloster mit der Kirche. Im ersten Stock des Kirchturms wird eine Tür gezeigt, die den Anfang zu dem unterirdischen Gang bilden soll. Die Kirche ist dem heiligen Johannes geweiht und stammt aus der ersten Hälfte des vierzehnten Jahrhunderts. Der Turm ist 47 m hoch und gilt als Wahrzeichen der Stadt. Saalfeld hat 2 747 Einwohner (nach Böttticher).

Von hier gebürtig war Robert Roberthin (1600 bis 1648). In Kuppen, 2 km östlich von Saalfeld, hat bis 1539 eine Kirche gestanden, die aber abgebrochen wurde, weil dort „arg abgöterey" getrieben wurde.

In Saalfeld befindet sich eine Anzahl Fabriken (Holzbearbeitung, Maschinen). Die Stadt liegt unmittelbar am Ewingsee und baut sich nach Westen und Nordwesten aus. Verlassen wir Saalfeld auf dem Wasserwege, so ist es uns leider nicht möglich, ein Gesamtb ld der Stadt zu erfassen, wegen der im Süden vorgelagerten Höhen. Es wird lebhaft Sport getrieben (Sportplatz, Bootshaus am See). Die Stadt liegt an der Bahnlinie Elbing—Osterode. Eine Reihe von Chausseen kreuzen sich hier, von Miswalde, Maldeuten, Dt. Eylau und Alt-Christburg. Die Ufer des Ewingsees sind fast durchweg bewaldet. Links sieht man, von Saalfeld kommend, die Chaussee nach Dt. Eylau mit Abbauten von Kuppen. Rechts **Ewingtal.** Erst vor uns, später rechts, sehen wir **Weinsdorf** und die Kirche mit dem kleinen Holzturm. Weinsdorf ist Besitzerdorf. Einwohnerzahl 621. Die Kirche ist 1320 gebaut. Das gleiche Jahr ist das Gründungsjahr von Weinsdorf (Wygandisdorff). Die Wetterfahne ist von

1736. Außen an der Südwestseite befindet sich ein Halseisen. Nördlich des Ortes, nach Köszen zu, liegt ein Schloßberg, auf welchem man unbegreiflicherweise eine Ziegelei errichtet hat (z. T. nach Bötticher).

Noch bevor wir so weit kommen, indem wir uns an der Ostseite des Sees halten, passieren wir ausgedehnten Schilfkampen, die einer Halbinsel vorgelagert sind, auf der der kleine Ort **Köszen** gelegen ist (49 Einwohner). Der See läuft in seiner Nordostecke in einem Zipfel aus, den wir durchfahren müssen. Links achte man auf den terassenförmigen Steilabhang. Die Terassen mögen als Zeichen für den ehemaligen Wasserstand gelten. Die Talsenke, die den Ewingsee mit dem Geserichsee verbindet, wurde bei der Anlage des Weinsdorfer, jetzt Oberländischen Kanals, benutzt, der schon zur Ordenszeit, in der ersten Hälfte des vierzehnten Jahrhunderts, gegraben worden ist. Von dem Anlegeplatz im Kanal ist von Weinsdorf außer einigen Bohlenhäusern wenig zu sehen. Trotzdem machen die wenigen Häuser mit ihren Storchnestern einen gemütlichen Eindruck. In vielen Windungen zieht sich der Kanal weiter. Das Gesichtsfeld weitet sich bei unserm Eintritt in den Geserichsee. Die Gehöfte rechts sind Abbauten von Weinsdorf. Bald grüßen uns im See Inseln (s. Karte). Das Gut links ist **Paulehnen**. Besitzer: Laue.

Das Gehöft und die angrenzenden Ländereien liegen tiefer als der Seespiegel und sind eingedeicht. Zu Paulehnen gehört auch das vor uns liegende Heuwerder. Schon grüßt von rechts die Windmühle von **Motitten**, das sich langgestreckt am Ufer hinzieht. Die meisten alten, kleinen, mit Stroh gedeckten Fischerhäuser liegen fast unmittelbar am Seeufer. Ueberragt werden sie von einer Reihe hoher Pappeln. Motitten hat 172 Einwohner. Die Motitten gegenüberliegende Halbinsel wird von weiten Weidetriften eingenommen. Von der Südostecke dieser Halbinsel geht eine Furt hinüber nach dem Czaplakwerder, das ca. 300 Morgen groß ist und zu Paulehnen gehört. Das Vieh wird im Frühjahr dort hinüber getrieben und bleibt den ganzen Sommer auf der Insel, um im Herbst zurückgeholt zu werden.

Rechts sehen wir jetzt wieder flache Weideflächen. Diese bilden eine Halbinsel, die vielfach noch „Motitter Winkel" genannt wird. Am Südende dieser Halbinsel liegt **Bukowitz.** Es ist als Schatulldorf am Anfang des achtzehnten Jahrhunderts gegründet, ein kleines Dörfchen mit nur 59 Einwohnern.

Links liegt **Pomehlen**, ein Rittergut von 1350 Morgen. Besitzer: Ziemens. Idyllisch liegt auf einer kleinen, lindenbeschatteten Anhöhe, südl. P. ein Hügelgrab (s. Geschichtliches.)

Etwa 3 km südlich von Pomehlen liegt **Weepers**, gegründet 1394, Einwohnerzahl 193, mit seiner Windmühle. Im Dorf, unmittelbar am See, das „Gasthaus zum Propeller". (Während des Krieges stürzte in der Nähe von Weepers ein Flugzeug ab. Der geschäftstüchtige Gastwirt Jahns ließ sich als Kriegsandenken den beschädigten Propeller verehren, brachte ihn in seinem Saale an der Wand an und gab seiner Gaststätte den sinnvollen Namen). Bei schönem Wetter läßt es sich in dem Garten am See herrlich sitzen. Man genießt von hier, ebenso von der Veranda, einen wunderbaren Ausblick über den See, das **Bukowitzwerder** und das gegenüberliegende Schwalgendorf. Sagenumwoben ist diese ganze Gegend. Nach dem eben erwähnten Bukowitzwerder führt von Weepers ein Damm, der Sage nach von Engeln geschüttet, der wahrscheinlich aus der Preußenzeit stammt, um die auf dem Werder liegende Heidenburg mit Weepers zu verbinden. Für den Uneingeweihten kaum wahrnehmbar führt dieser Damm ca. 3/4 m unter dem Wasserspiegel zum Werder. Ersteigen wir hier den ziemlich steilen äußeren Wall, so haben wir einen schönen Rundblick auf das etwa 240 Morgen große Werder. Im Süden liegen die Gebäude des Besitzers der Insel (Kerst). Weiter westlich liegt das **Lindenwerder.** Dies ist ca. 58 Morgen groß, gehört dem Besitzer Schulz und ebenso wie das Bukowitzwerder und das weiter südlich liegende unbewohnte **Heuwerder** (55 Morgen) zu Weepers.

Sehen wir uns nun die eben erstiegene Heidenburg näher an. Steil fällt der äußere Wall nach fast allen Seiten ab. Denken wir uns Bäume und Buschwerk fort, so erkennt man die geradezu ideale Verteidigungsanlage, da die Burg die ganze Insel, den See und auch das östlich gelegene Ufer vollständig beherrscht. Ein zweiter, engerer Wall mag zum Schutze der hier errichteten Wohnungen gedient haben. (s. Geschichtliches).

Am Westufer des Sees, etwa Weepers gegenüber, liegt **Schwalgendorf.** (700 Einwohner). Die Menschen beschäftigen sich mit Fischerei, Landwirtschaft, Holzschlägerei, Flößerei und Handwerk. Der rings das Dorf umgebende Wald ist staatlich. Im Süden befinden sich eine Oberförsterei und mehrere Förstereien. Etwa mitten im Dorf steht das schlichte Heldendenkmal. Zwei Gasthäuser. Weiter im Süden der „Kalte Winkel."

Auf der Weiterfahrt, indem wir nach Osten abbiegen, kommen wir in den Teil des Geserichsees, den man landläufig den „Gablauker" oder auch „Kragger" Winkel nennt. Die Ufer sind bergig. Im Norden auf der Höhe liegt das Rittergut **Gablauken.** Besitzer: Graf v. Finckenstein. In dem dazu gehörenden Wald viele Heidengräber.

Der Wald rechts mit der Försterei **Chmelowken** gehört zu Rittergut **Auer.** Besitzer: Freiherr v. d. Horst. Auch hier findet man mehrere Heidengräber.

Die Gegend wird immer reizvoller. Links liegt das kleine Fischer- und Besitzerdorf **Ulpitten.** (42 Einwohner). Mehr und mehr verengt sich der See. Malerisch spannt sich über den Kanal die Brücke von Kragge. Früher war es ein Krug, auch eine Mühle stand hier. Jetzt wohnt dort der Ziegler der dicht daran gelegenen Ziegelei (zu Karnitten gehörig). Ueber die Brücke führt die Chaussee von Saalfeld nach Dt. Eylau. Verlassen wir unser Fahrzeug zu einem kurzen Spaziergang und folgen der Chaussee nach Norden bis zu dem etwa drei Kilometer entfernten **Schnellwalde.** Sehenswert ist die alte, 1311 erbaute Ordenskirche mit dem 31 m hohen Turm. Wetterfahne von 1601, Altar von 1694, Deckenmalerei von 1716.

Vor der Kirche der „Teufelstein" (s. Sagen). Unter der Kanzel ein Grabstein mit der lebensgroßen Gestalt eines Ritters (Hans v. Schönaich) und vielen, leider verwischten Wappen. Unter der Kirche mehrere jetzt zugeschüttete Grüfte aus dem 15.—18. Jahrhundert. Zwei Glocken. Eine von 1522. Schöne Inschrift. Im Osten der wie verwunschen am Walde gelegene Frauensee (Sage). Derselbe ist, da nicht durch einen Kanal mit den andern Seen verbunden, dem Verkehr nicht erschlossen.

Nach einer Stärkung in dem zu empfehlenden, sauberen Gasthaus von Bernhard Schliwski, wandern wir nach Kragge zurück, besteigen wieder unsere „Ursula" und fahren weiter nach dem Dubensee. Links auf der Höhe liegt **Leisnersberg.** Gegr. 1601. Der Name kommt von Luischen – Leuschchen, daher früher immer Leusnersberg. Von Norden grüßt noch einmal der Kirchturm von Schnellwalde. Hart rechts am See ein altpreußischer Ringwall. S. Geschichtliches.

Wir biegen nun rechts in den Kanal ein, um ihn nun nicht gleich wieder zu verlassen. Bald sieht man links das zu Karnitten gehörende Vorwerk **Nosewitz** (schon 1470 erwähnt). Weiter hinten, etwas später sichtbar, das Besitzerdorf **Dittersdorf.** Windmühle. Der Wald rechts davon gehört zu **Jäskendorf.** Rechts in schönem Park gelegen, Schloß **Karnitten.** Karnitten wird zum ersten Male besiedelt 1347. Aber die eigentliche Geschichte fängt hier an, als 1470 ein Hans v. Schönaich für rückständigen Sold vom Deutschen Orden Karnitten, Skulten, Nosewitz, Liegen und Schnellwalde erhält. Im Besitze dieses Geschlechts wird im Laufe der Jahrhunderte der Landbesitz durch Käufe und Verkäufe, durch Verpfändungen, Verpachtungen und Erbschaften manchmal vergrößert, dann auch wieder verringert. Zeitweise gehörten Auer, Gablauken, Kerpen, Mitteldorf, Rombitten etc. noch dazu. Ein Hans v. Schönaich ließ 1601, der Sage nach, den Kirchturm von Schnellwalde so hoch aufführen, daß man ihn bis Marienwerder habe sehen können. 1807 stirbt das Geschlecht aus. Die letzte Erbin des Geschlechts adoptierte ihren Neffen, v. Hoverbeck, der den Namen v. Schönaich annimmt. Seine Nachkommen leben heute auf Kl. Tromnau bei Riesenburg. Um 1832 geht der Karnittener Landbesitz über auf das Adelsgeschlecht

Die „Ursula" an der Landungsbrücke in Tharden.

v. Albedyhll, dessen letzte Erbin 1926 den jetzigen Besitzer v. Günther-Albedyhll heiratete. –

Allmählich machen wir nun die Beobachtung, daß die Wiesenflächen zu beiden Seiten des Kanals sich mehr und mehr senken, bis wir rechts und links den

Abiskarsee wahrnehmen, dessen Wasserspiegel tatsächlich niedriger liegt, als der Kanalspiegel (s. Abschnitt: Der Oberländische Kanal). Links liegen einzelne Gehöfte von **Skulten,** rechts Dorf **Schönaich.** Rechts der Schanzenwald (zu Karnitten). Dann am Seeufer links **Liegen** (Kreis Osterode). Besitzer: Borris. Von **Bienau** links auf der Höhe sehen wir nur eine Feldscheune.

Unterlassen möchte ich nicht, hier auf Pflanzen- und Tierwelt aufmerksam zu machen (s. Landschaftsbild). Gegenüber Bienau rechts die Corbehnewiesen.

Nun taucht vor uns schon das Stadtbild von **Liebemühl** auf. 2223 Einwohner. Der hohe viereckige Turm ist der Rest der alten Ordenskirche. Zu Liebemühl gehören die beiden Vorstädte Sonne und Illingswalde, jetzt Sonnendorf und Eilingsdorf. Die Stadt führt im Wappen ein Mühlrad. Die mittelalterlichen Befestigungen sind beinahe verschwunden. In der Südwestecke der Stadtmauer liegt die Kirche, an der Südostecke die Burg. Um das ganze ging ein mit dem Liebefluß und Mühlenteich zusammenhängender Graben. Von der Burg steht nur noch an ihrer alten Stätte die Mühle in der Nordostecke. Die Burg war der Komturei Christburg unterstellt und als Kammeramt von Pflegern des Ordens bewohnt. Im 13jährigen Bürgerkriege zwischen dem Orden und den verbündeten Städten und Landständen hat sich die Burg tapfer zu der Ordensherrschaft gehalten, und die abgefallene Stadt kehrte wieder unter dieselbe zurück. — In dem Kriege, welchen der letzte Hochmeister Albrecht mit dem Könige von Polen wegen verweigerten Huldigungseides führte, wurde auch Liebemühl von den Polen erobert; aber 1520 brach in der Nacht das Ordensheer durch die Kirche in die Stadt und erschlug die ganze polnische Besatzung. Auch behielt das Ordensheer die Stadt im Besitz und machte auf das polnische Heer bei Osterode Ausfälle mit vielem Erfolge.

Der erste evangelische Bischof von Pomesanien, dem Liebemühl als Wohnsitz zugewiesen war, wurde 1575 in der Kirche beerdigt. — Die Stadt ist 1335 erbaut, aus welchem Jahre auch die Kirche stammen mag.

Der Turm hat oben Schießscharten. In der Kirche sind Fenster und Blenden im Spitzbogen. Der Altar stammt aus der letzten Zeit des Barockstils, ist mit Holzschnitzereien (Abendmahl) verziert. An den Seiten der vier Evangelisten, das Hauptbild Christus am Kreuz, darüber Christi Grablegung. Die Krönung bildet Christus als Triumphator. In der Kirche sind viele alte Abendmahlsgeräte. Die Kanzel vom Ende des 17. Jahrhunderts mit Moses, Johannes dem Täufer, Petrus und dem Erlöser (a. a. O.) —

Am Hafen führt eine Schleuse zu der tiefer gelegenen Fortsetzung des Kanals nach dem Drewenzsee, während für unsere Weiterfahrt eine Durchschleusung nicht stattfindet.

Von Liebemühl zu sehen sind ferner die Gasanstalt und eine Anzahl von Schrebergärten. Die am Hafen liegenden und uns oft begegnenden Holzflöße bestätigen die Annahme des Vorhandenseins von Schneidemühlen. Liebemühl hat gute Chausseeverbindung mit Osterode, Maldeuten, Tharden usw., Bahnverbindung nach Osterode, Mohrungen und Saalfeld – Elbing.

Durch viele Windungen des Liebeflusses gelangen wir auf unserer Weiterfahrt in den Gr. Eilingsee und sehen vor uns, zuweilen rechts, die herrliche, staatliche Forst „Prinzwald". Wieder haben wir Gelegenheit, die waldigen, bergigen Ufer zu bewundern. Rechts am Walde liegt die Kachel- und Ziegelfabrik **Emilienthal**. Die Südostecke des Sees wird durch den durch den See geschütteten Bahndamm abgeschnitten. Die Fahrrinne wird von Schilfkampen stark eingeengt. Das Ostufer führt im Volksmund den Namen „Heedchen" (von Heide – Heede). Wer zur rechten Zeit die Fahrt unternimmt, mag hier eine wahre Pracht von Seerosen schauen.

Weiter führt uns der Weg durch ein Stück Kanal nach dem Zopfsee, auch Zopke- oder Zoppchensee genannt, wo bald Wiesen und Weiden, bald herrliche Waldungen Kanal und See einrahmen. Woher die Namen „Zopfsee" und „Zoppchenbrücke" kommen, überlasse ich der Phantasie des Einzelnen, sich aus der

Gestalt des Sees (oben rundlich, nach unten spitz), die Figur einer Zopfperücke zu konstruieren. — Es folgt ein Stückchen Kanal, dann der kleine Krebssee, der

Blick auf den Nötlossee von der Thorchenbrücke.

seinen Namen von einem großen Krebsreichtum hat, der aber in den sechziger Jahren durch eine Krebspest vernichtet wurde.

Schon spannt sich wieder eine schlanke Betonbrücke über den Kanal. Wir sind am **„Thorchen"**. Zwei gewaltige Eichen, von denen leider nur eine noch steht, ein früherer Krug und ehemalige Zollstelle gaben diese imposanten Ort den Namen. Die Oberlandschiffer habe am Fuße einer Eiche, dicht an der „Thorchenbrücke

ihren im Weltkriege gefallenen Kameraden ein schlichte aber schönes Denkmal gesetzt mit folgender Inschrif

Flagge dippen!

1914 1918

Den gefallenen Oberländischen Schiffern von ihren Kameraden.

Die an der Brücke liegenden Gehöfte gehören zu Winkenhagen.

Nun öffnet sich weit vor uns der Röthloffsee. Gleich rechts liegt die Försterei **Winkenhagen**. Dann

Thorchenbrücke.

beginnt zur Rechten der zu Jäskendorf gehörige Misch=wald „Großer Winkel". Links liegt **Nickelshagen** mit seinen drei Windmühlen und die bewaldete Landzunge, genannt „Pfaffenwinkel". Man beobachte hier die kleinen, halb im Walde versteckt liegenden Häuschen.

(S. Landschaftsbild). Hinter den „Dosnitter Fichten“ (S. Karte) hinter der Höhe, ein Hünengrab. Gleichfalls in dieser Gegend liegt der „Faulsee“ und ein Bruch, genannt „Kesselchen“ (Sage von einer hier versunkenen Kirche). In den Dosnitter Fichten und im Pfaffenwinkel haben sich Flüchtlinge 1807 vor den Franzosen versteckt gehalten und sind tatsächlich auch nicht gefunden worden.

Während uns rechts der Wald getreu weiter begleitet, sehen wir links die Häuser von **Kl. Simnau**, einem Dörfchen von 42 Einwohnern, von dem weiter nordwestlich gelegenen Gr. Simnau (407 Einw.) ist später nur die Kirchturmspitze zu sehen. Nördlich von Kl. Simnau, hart am Ufer liegt der „Buchwald“ mit dem Rollberg (115,7 m). Das Langholz wird hier zum Verflößen nach dem Ufer heruntergerollt. Doch unser Weg führt uns nun in scharfer Kurve nach rechts in den Eingang zum „Dutzkanal“. Noch vor der Holzbrücke am Eingang erblicken wir links am Abhang, wie in der Wildnis stehend, einige Obstbäume. Hier stand das ehemalige Anwesen eines Besitzers Dutz, nach welchem der Kanal benannt ist. — Ohne Zweifel, der schönste Teil der Fahrt liegt vor uns. Mit Recht könnte man ihn den Laubenkanal nennen. Man versäume ja nicht, auch hier die Vogelwelt zu beobachten! (Eisvogel, Reiher. S. Landschaftsbild). Licht und hell empfängt uns nach unserm Austritt aus dem Dutzkanal der Bärtingsee mit seinen waldigen Ufern. Bald passieren wir einige bewaldete Inseln mit dem Kuhwerder (auf der Karte „Viehwerder“) und dem viel höheren Schloßwerder mit einer altpreußischen Fliehburg. (S. Geschichtliches.) Auffallend ist die große Zahl der in der Luft kreisenden Raubvögel. (Rohrweihe). Der Bärtingsee ist flach aber sehr fischreich. Er verschilft und verkrautet stark. Rechts, hart am See liegt **Winkenhagen**, links das Kirchdorf **Sonnenborn** mit 681 Einwohnern, südlich davon Gut und Dorf **Bärting** mit zusammen 240 Einwohnern. Auf einer im See gelegenen Insel (Gehangwerder) ein Mast der elektrischen Leitung. Und dort am Südende des

Sees, leider durch den Bahndamm verdeckt, liegt in wunderschönem Walde Tharden, das durch seinen ständig zunehmenden Fremdenverkehr sehr an Bedeutung gewinnt. Die von Königsberg nach Tharden verkehren-

Zwischen Zopf- und Krebssee.

den „Oberlandzüge" (Fahrtdauer 3 Std.) sind kaum imstande, alle die Ausflügler, Touristen und Wandervögel zu befördern. Auch als Luftkurort hat sich Tharden schon einen Namen gemacht. Der Wald ist staatlich.

Ganz entschieden ist nach hier der Wasserweg der Eisenbahn vorzuziehen.

B. Nach Dt. Eylau.

Um nach Dt. Eylau zu kommen, fahren wir auf dem Geserichsee, nachdem wir, von Weepers kommend, die drei Werder hinter uns gelassen haben nicht in die Bucht nordöstlich nach Kragge zu, sondern halten uns südlich und folgen der langgestreckten Senke des Geserichsees. Rechts und links tritt der Wald dicht an das Ufer heran, hört aber an der Ostseite, in der Gegend von **Melchertswalde** auf, um den hügeligen Viehweiden und Getreidefeldern Platz zu machen. Auf der Höhe liegt **Tillwalde**, später, dicht am See, **Schalkendorf**. Rechts begleitet uns der Wald bis Dt. Eylau. Es ist dies noch immer die Schwalgendorfer Forst. (Staatl.) Wer mit einem Fernglas den Waldrand genau beobachtet, kann Reiherhorste sehen und zur gegebenen Zeit die Flugübungen der Jungen verfolgen.

Dt. Eylau hat 11446 Einwohner. Die evgl. Kirche stammt aus der Ordenszeit. Beachtenswert sind die schönen Anlagen im Westen der Stadt. Zahlreiche Gaststätten bieten dem Besucher Aufenthalt und Verpflegung.

C. Ueber Maldeuten nach den geneigten Ebenen, Drausensee, Elbing.

Wir dürfen den Röthloffsee nicht durch den Dutzkanal verlassen, sondern müssen uns weiter geradeaus nach Norden wenden. Dann sehen wir rechts ununterbrochen sich fortsetzenden Wald. (Kl. Winkel und Venediener Wald). Auf derselben Seite, auf der nach Nordwesten vorspringenden Halbinsel die kleine ehemalige Fischersiedlung **Steenkenwalde**, nach dem Erbauer des Oberländischen Kanals benannt. Jetzt sind da nur Ruinen vorhanden. Bei Gelegenheit kann man links den Kirchturm von **Gr. Simnau** durch den Wald schimmern sehen. Nach Osten erstreckt sich die Gallinder Bucht, an deren Ende sich ein Holzladeplatz befindet. Von Norden mündet in diese Bucht die in der Gegend von Mohrungen entspringende Drehle. Westlich ihrer Mündung der Ort **Fischerhäuser** (Ein Insthaus). Der Wald östlich gehört zu Gr. Bestendorf, desgl. der, der weiter das Ostufer besäumt. Auf der Westseite der „Linksche Winkel", benannt nach dem weiter westlich gelegenen Ort **Linkenau**. Der Vorgeschichtsforscher findet hier ein Arbeitsgebiet, denn aller Wahrscheinlichkeit nach haben in der Nähe des Ostufers Pfahlbauten gestanden. An den Resten ist schon manches Fischnetz zerrissen. Die Bucht nördlich des Linkschen Winkels zog sich früher etwa noch einmal so weit ins Land hinein. Als nach Erbauung des Oberländischen Kanals der Seespiegel sich bedeutend senkte, wurde der größte Teil der Bucht trocken gelegt, desgl. ein See südöstlich von Gut Linkenau — heute Seewiese — an dessen ehemaligem Südufer bei Plenkitten noch Fischerhäuser stehen. In der Linkschen Bucht das Eichwerder. Wir fahren weiter. Wieder begleitet uns zu beiden Seiten Wald, der vor Gr. Wilmsdorf aufhört; im Westen etwa gegenüber **Gr. Wilmsdorf**. Dieses ist ein Kirchdorf mit 209 Einwohnern. Es liegt auf der Höhe, zieht sich zum See hinunter und an diesem entlang. Fern im Osten Gut **Zöpel**.

Den Geologen wird es interessieren, daß hier, am Nordende des Röthloffsees, Bernsteinfunde gemacht sind.

Gar nicht selten sind wilde Schwäne hier anzutreffen.

Nun biegen wir wieder in den Kanal ein. Gleich rechts liegt **Zölp**. Es geht unter der Brücke hindurch, über welche die Chaussee Maldeuten—Mohrungen hinwegführt. Eine Fülle landschaftlicher Schönheiten erfreuen uns rechts und links. Etwa 400 m östlich liegt das Gut **Maldeuten**. (520 Einwohner). Rechts erhebt sich das Landhaus, das sich der geniale Erbauer des Oberländischen Kanals, Steenke, hier errichtete, um in den Tagen seines Alters seinem Lebenswerk stets nahe zu sein.

Man versäume nicht, auch einen Blick rückwärts nach dem Röthloffsee zu tun, der breit den Blick ausfüllt, und mit den kleinen schilf- und baumbewachsenen Inseln einen abwechslungsreichen Anblick bietet. Ueber uns führt nun die Chaussee Maldeuten—Freiwalde hinweg, und wir biegen in den Samrodtsee ein. Rechts liegt die große Sägemühle der Firma Hildebrandt

A.-G., Maldeuten. Der Samrodtsee versumpft und verkrautet in den letzten Jahren stark. Die Fahrrinne für die Schiffe muß deshalb stellenweise künstlich offen gehalten werden. Auf der Insel ein Bootshaus.

Man versuche, nach dem Bahnhof Maldeuten hin zu rufen, um ein sechsfaches Echo zu hören.

Der Bahnhof Maldeuten liegt eigentlich in der Gemarkung **Freiwalde,** das terrassenförmig dahinter aufsteigt.

Im Samrodtsee wurde vor einigen Jahren ein Einbaum aus prähistorischer Zeit gefunden.

Nördlich ist Gut und Kirchdorf **Gr. Samrodt** zu sehen. Die Waldungen im Südosten (Schloßwald) gehören zu Maldeuten. Der See wird geteilt durch Damm und Eisenbahnbrücke. (Strecke Maldeuten—Miswalde). Wir fahren darunter hindurch, kommen in die schilfige nördliche Spitze des Sees, biegen dann in den Kanal ein und erreichen an der Chaussee Maldeuten—Pr. Holland, unweit des Pinnausees, den Ort **Hoffnung** mit Krug, Schule und großer Holzschneidemühle (Firma Albrecht). Auch der Pinnausee versumpft mehr und mehr, an einer Stelle sogar so, daß als Schiffahrtsweg nur ein kanalartiger Arm freibleibt. Hier (südlich) ein Heidengrab und Fundstelle eines gotischen Schwertes. Nördlich liegen Awecken und Gut Pinnau. An dem Zusammenfluß des Bauditter und Pinnausees unzählige Seerosen. Auf der Weiterfahrt durch den Kanal haben wir beim Anblick der Wiesen zur Linken den Eindruck, daß der Pinnausee früher einmal viel weiter nach Nordwesten, etwa bis an die Chaussee Draulitten Löpen gereicht haben muß. Zwischen **Pinnau** und **Draulitten** ist viel Baggerschlamm auf das Land gefahren worden.

Wir nähern uns nun dem interessantesten Teil des Oberländischen Kanals, den geneigten Ebenen, und ich verweise hier auf den diesbezüglichen Abschnitt.

An der ersten geneigten Ebene, bei **Buchwalde,** steht das von Großgrundbesitzern errichtete Denkmal Steenkes. Zwischen Buchwalde und **Kanthen** sind die Böschungen stellenweise bis 30 m hoch. Wer Zeit hat, kann von Buchwalde aus schöne Spaziergänge unternehmen. Gasthaus Riemke in Kanthen, unmittelbar am Kanal, mit dem Kanthener Grund sei empfohlen. Zwischen Kanthen und **Schönfeld** ist der Kanal stellenweise höher liegend als das nebenliegende Land, und die Dämme sind s. Zt. aufgeschüttet worden. So gelangen wir endlich in die Elbinger Niederung, nachdem wir die letzte geneigte Ebene (Nr. 5) passiert haben, in den fast völlständig zugewachsenen Drausensee. Auch hier muß die Fahrrinne künstlich offen gehalten werden. Interessant in diesem Sumpfgelände ist die mannigfach vertretene Vogelwelt. Man hat sieben Arten von Wildenten festgestellt, ferner Taucher, Bleßhühner und vor kurzem noch wilde Schwäne.

Im Nordwesten taucht Elbing auf.

D. Nach Osterode.

In **Liebemühl** lassen wir uns durchschleusen und kommen nach einer längeren Fahrt durch den Kanal, der stellenweise, besonders dort, wo er vor seiner Einmündung in den **Drewenzsee** durch den Wald führt, (Staatl. Forst Prinzwald) mannigfache, schöne Landschaftsbilder berührt. Die Fahrt auf dem See ist genußreich. Man beobachte, nach Süden blickend, den Bahndamm, der den See überquert, den südlichen Zipfel abschneidet und dem sich beim Bau s. Zt. kolossale Schwierigkeiten entgegenstellten, da der meistens stark bewegte See die frischen Schüttungen immer wieder hinwegspülte. Nachdem wir an dem sich nach Norden hinziehenden Ausläufer des Sees vorübergefahren sind, sehen wir an derselben Seite den Bismarckturm inmitten herrlicher Parkanlagen. Ein schöner Promenadenweg führt am See entlang zur Stadt.

Osterode ist eine Gründung deutscher Ansiedler. Noch heute ist die Burganlage auf dem Wege vom Bismarckturm zur Stadt zu sehen. Leider sind von den Ordensgemächern außer einem, der jetzt als Kohlenkeller benutzt wird, und dessen Decke durch einen granitenen Pfeiler in der Mitte gestützt wird, nichts mehr erhalten. — Die Stadt hat 16 531 Einwohner.

Die Straßen sind für eine Kleinstadt breit und sauber. In Osterode liegt Reichswehr. Auf dem Markt steht das ehemalige Rathaus (jetzt Konditorei).

Der Oberländische Kanal.

Als man mit dem Bau des Oberländischen Kanals begann, war für Preußen eine außenpolitisch sehr bewegte Zeit vergangen, die für Arbeiten im Innern des Landes nichts übrig haben konnte, war doch zeitweise ganz Preußen von feindlichen oder verbündeten Truppen besetzt, die nichts im Land ließen. Erst nachdem Ruhe im außenpolitischen Leben unseres Vaterlandes herrschte, ging man daran, die großen Wunden der vergangenen Zeit zu heilen. Man war überhaupt jetzt erst auf Ostpreußen aufmerksam geworden und begann es auf alle Weise zu erschließen. Die Verkehrswege aus dem 18. Jahrhundert hatten sich als unzulänglich erwiesen. Der größte Teil des Verkehrs spielte sich auf Wegen, wie unsern heutigen Landstraßen ab. Man begann mit dem Chausseebau. 1821 wurde der Bau der Kunststraße begonnen, die Berlin mit Königsberg verbinden sollte. Der Chausseebau war aber zu teuer, als daß man ihn überall gleichzeitig beginnen konnte. Die erste Bahn erhielt erst am 7. Dezember 1849 die Baugenehmigung. Man kam wieder auf den billigen Wasserweg. Schon einmal hatte man in Ostpreußen nach schwerer Kriegszeit versucht, die Wasserwege auszubauen. Als der Norden unserer Provinz im siebenjährigen Kriege so furchtbar gelitten hatte, ließ der große König 1764—67 die Masurischen Seen durch Kanäle verbinden und die Angerapp und den Pregel regulieren, um aus dem holzreichen Masuren für billiges Frachtgeld Bauholz in den holzärmeren Norden zu bringen. Nachdem der Norden wieder aufgebaut war, wurden die Anlagen nicht benutzt und verfielen. 1788 war dann auch der Gedanke aufgetaucht, durch eine Senkung des Geserichsees und der mit ihm verbundenen Seen, eine schiffbare Verbindung Elbings mit Thorn über Saalfeld—Dt. Eylau herzustellen. Man hatte diesen Plan eingehend untersucht, auch für gut befunden, aber zur Ausführung kam es nicht. Diesen Plan griff man später in etwas veränderter Form wieder auf. 1835 machte man im Provinziallandtag auf einen herzustellenden Wasserweg zwischen Elbing und Osterode aufmerksam, der vor allen Dingen auch die vorhandenen Seen verbinden sollte. Man dachte an den Holzreichtum der großen Forsten Schwalgendorf, Alt Christburg, Liebemühl, Prinzwald, den man dem Handel erschließen wollte, andererseits die Städte Dt. Eylau, Saalfeld, Osterode, Liebemühl dem Güterverkehr. Der Wunsch der Allgemeinheit ging dahin, den Drewenz-, Geserich-, Eyling-, Röthloff-, Samrodt-, Pinnausee mit dem Pausensee zu verbinden und so durch Elbing mit Danzig und Königsberg. Als größte Schwierigkeit setzte sich der Höhenunterschied zwischen Pinnau- und Pausensee entgegen. Fast undurchführbar schien der Kanalbau dieser Schwierigkeiten wegen. Das große Verdienst Baumeister Steenkes ist es, alle Hemmungen aus dem Wege geräumt und den Plan in die Wirklichkeit umgesetzt zu haben. Schon als junger Baumeister in Elbing erfaßte er diesen Gedanken, der in der Oeffentlichkeit lebhaft erörtert wurde, und arbeitete weiter an ihm. Umfangreiche Studien aller Kanalprobleme waren dazu nötig. Andere Kanalbauten wurden untersucht, bei denen ähnliche Schwierigkeiten zu lösen waren. Vergebens hatte er in Deutschland, in Europa geforscht. Da erhielt sein Plan durch die Bauten am Morriskanal in den Vereinigten Staaten von Nordamerika, der den Legigh, einen Nebenfluß des Susquehannah, mit New York verbindet, große Förderung. Dort in Amerika überwand man den Höhenunterschied durch geneigte Ebenen. Dasselbe Prinzip, aber weiter ausgebaut, wesentlich vereinfacht, wollte er hier anwenden. Als die Regierung nach langen Verhandlungen und Einreichung von Kostenanschlägen sich zu dem Kanalbau entschlossen hatte, übertrug sie denselben dem Baumeister Steenke.

Die erste Aufgabe bestand darin, alle zu verbindenden Seen, nämlich Geserich-, Duben-, Drewenz-, Eyling-,

Röthloff-, Samrodt-, Pinnausee, entweder durch Stauen oder Senken auf gleichen Wasserstand zu bringen. Der Geserichsee, dessen Ufer 1722 gerichtlich festgelegt waren, wollte man nicht und konnte man auch ohne weiteres nicht verändern. Man senkte deshalb die andern Seen auf den Wasserspiegel und den Wasserstand des Geserichsees. Diese Senkung war beträchtlich, mußte man doch den Bärting- und Eylingsee 1,542 m, den Röthloffsee 1,681 m, den Samrodt- und Pinnausee 5,363 m senken. Diese Seen wurden durch Kanäle von 7,532 m Sohlenbreite, 1,255 m Fahrwasser bei niedrigstem Wasserstande und 15,665 m oberer Breite verbunden. Die überschüssigen Wassermengen wurden dem Liebemühler Mühlenteich und durch die Schleuse und die jetzt kanalisierte Liebe dem Drewenzsee, Drewenzfluß und der Weichsel zugeführt.

Eine Schwierigkeit war noch zu überwinden beim Bau der Kanalstrecke Geserichsee—Liebemühl. Hier liegen nämlich der Abiscarsee 2 m und die Wiesen 1,5 m tiefer als der Geserichsee. Steenke sah hierbei eine Ueberführung vor. An der schmalsten Stelle des Abiscarsees von 484 m wurde ein oben 40 m breiter Damm geschüttet, der stellenweise 20 m tief ist. In diesem Damm befindet sich das Kanalbett. Die beiden Seehälften wurden unter dem Kanal in Verbindung gesetzt. (S. Zeichnung 1.)

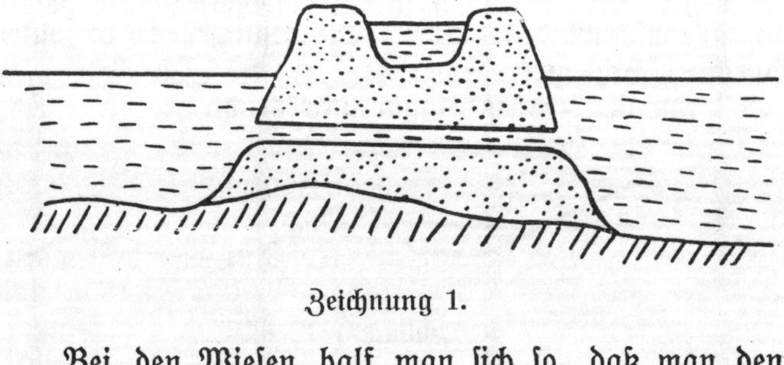

Zeichnung 1.

Bei den Wiesen half man sich so, daß man den Kanal an die Hügel, die das Wiesental begrenzen, anlehnte und nur auf der andern Seite einen Damm schüttete. (S. Zeichnung 2.)

Jetzt hatte man noch die Verbindung mit Osterode herzustellen. Da der Drewenzsee 4 m tiefer liegt als der Geserichsee, so baute man in Liebemühl und Grünort Schleusen mit zwei Toren. Der Schleusenraum in

Zeichnung 2.
(I nat. Hügel, II Damm, III Wiese — Moorboden).

Liebemühl ist 3,30 m breit, 34 m lang und 5 m tief. Die Schleusentore werden durch eine Vorrichtnng mit Handbetrieb bedient.

So war der Kanal bis zum Pinnausee fertig. Nun galt es, das schwerste Problem zu lösen, die Verbindung zum Drausensee herzustellen. Mit Schleusen war nicht geholfen, da man die nötige Wasserzufuhr aus den Seen nicht hatte. Auch hätte man des 100 m hohen Gefälles wegen zu viele Schleusen bauen müssen. So legte Steenke hier 4 geneigte Ebenen an, die 85 m Gefälle überwinden sollten. Die restlichen 15 m sollten durch 5 Schleusen bewältigt werden. Die Ebene ist ein Erdwall, die den Kanal unterbricht.

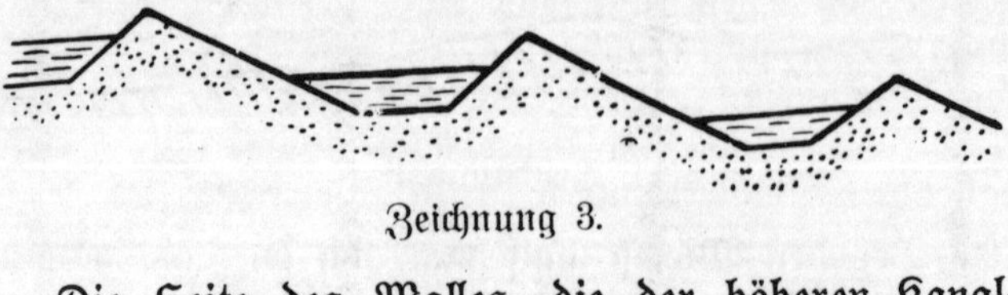

Zeichnung 3.

Die Seite des Walles, die der höheren Kanalstrecke zugekehrt ist, ist kurz; die andere Seite ist länger und hat eine kleinere Steigung. Ueber diesen Wall gehen zwei Schienenstränge, die auf beiden Seiten ins Wasser tauchen. Auf jedem Schienenweg, dessen Spurbreite 3,14 m ist, führt eine Lore von 20 m Länge und 3 m Breite. Diese Wagen sind so durch ein Drahtseil ohne Ende verbunden, daß bei der Ruhestellung auf jeder Seite ein Wagen im Wasser liegt. (S. Zeichn. 4).

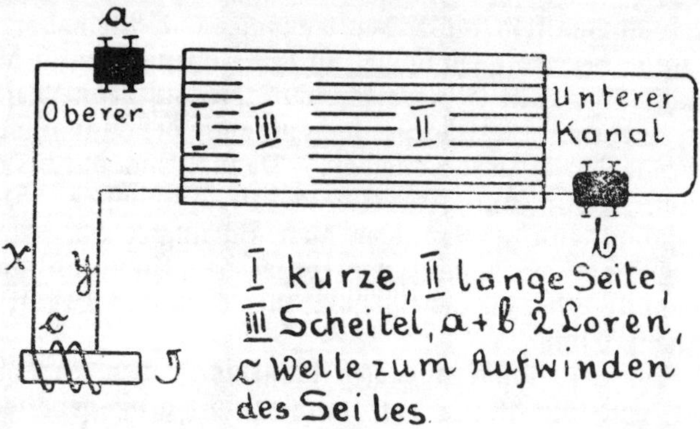

Zeichnung 4.

Das Seil wird auf eine Welle aufgewickelt, die durch Kraft bewegt wird. Wird Wagen a hinuntergelassen, so dreht sich die Welle c in der Richtung des Pfeils. Gleichzeitig aber wickelt das Seil y auf und zieht Wagen b nach oben. Die Welle wird durch ein mittelschlächtiges Wasserrad bewegt. Es hat einen Durchmesser von 9 m und ist 4 m breit. Das Wasser zum Antrieb des Wagens wird dem Kanal entnommen. Zu diesem Zwecke wird es in ein besonderes Gefäß geleitet, aus dem auf das Rad in der Sekunde 1,2 cbm Wasser fallen und eine Kraft von 60 PS leisten. Die Maschinen lieferten die königlichen Werkstätten in Dirschau und sind heute noch in Gebrauch. Eine Fahrt der Wagen dauert 12 Minuten.

Die fünf Schleusen unterhalb der Ebenen raubten dem Verkehr aber zuviel Zeit, so daß man 1874–81 statt der Schleusen eine fünfte Ebene baute, die die Schiffe soweit senkt, daß sie jetzt direkt den Drausensee erreichen, dessen Fahrrinne der Versumpfung und Vertorfung wegen vertieft werden mußte.

In den Jahren 1872—76 wurden dem eben beschriebenen Kanalsystem der Pausen- und Schillingsee angeschlossen, so daß auch die Forsten Taberbrück und Jablonken die Möglichkeit haben, ihr Holz abzuflößen.

Der Weg des Kanals ist also: Von Dt. Eylau und von Saalfeld durch den Ewingsee und Weinsdorfer Kanal in den Kraggenwinkel, in den Dubensee, durch den Kanal über den Abiscarsee und die Korbehnewiesen nach Liebemühl. Hierher kommt auch der Kanal von Osterode durch zwei Schleusen. Dann gehts durch den Eyling-, Zopf- und Krebssee in den Röthloffsee. Der Dutzkanal zweigt von hier zum Bärtingsee ab. Aus dem Röthloffsee kommt man durch den Samrodt- und Pinnausee, über die geneigten Ebenen durch den Drausensee nach Elbing.

Da der Kanal nur dem binnenländischen Verkehr dient, sind die Maße des Kanals nicht groß gehalten. Sie schreiben auch den Fahrzeugen die Maße vor. Ihre Länge kann bis 24 m, die untere Breite bis 2,5 m, die obere bis 3 m betragen, ihr Tiefgang bis 1 m. Die Wagen an den Ebenen haben eine Tragfähigkeit bis 90 t. Die Dampfer müssen das Triebrad am Heck haben. Die Fahrzeuge dürfen in den Kanälen nur mit einer Geschwindigkeit von 6 Stundenkilometern fahren.

Am 28. Oktober 1844 hat man den ersten Spatenstich gemacht. Am selben Tag des Jahres 1860 erst konnte man den Kanal dem öffentlichen Verkehr übergeben. Ueber 3 000 000 Mark, die zum größten Teil aus Staatsmitteln bestritten wurden, waren ausgegeben. Die auf den Kanal gesetzten Hoffnungen erfüllte er ganz nur in den ersten Jahren seines Bestehens. Ein lebhafter Verkehr herrschte auf dem ganzen Kanal. Holz, Getreide und Spiritus wurden nach Elbing gebracht, Steinkohle, Salz, Gips, Eisen in das Land. Als man Eisenbahnen baute, ließ der Verkehr bedeutend nach. Beim Bau des Kanals rechnete man mit 100 000 t Ausfuhr und 25 000 t Einfuhr. Diese Zahlen hat der

Verkehr aber nicht einmal in den ersten Jahren erreicht. Auch die Erweiterungen der Jahre 1872–83 haben den Verkehr nicht belebt. Andere Umstände wirkten mit: Das Vorwärtsbringen der Kähne wird durch Brücken, durch Treideln, hohe Schlepperkosten, Kanalabgaben in Osterode, Liebemühl, an der ersten und letzten Ebene erschwert oder verlangsamt.

Alle Frachtgüter sind in vier Tarifklassen eingeteilt:

Die I. Klasse ist mit 12,6 Pf.
„ II. „ „ „ 9,8 „
„ III. „ „ „ 7,0 „
„ IV. „ „ „ 4,2 „ besteuert.

10 cbm Flößholz sind mit 56 Pf. besteuert. Personenfahrzeuge zahlen für die Personen, die das Fahrzeug fassen kann, pro Person 15 Pf. und 40 %, auch wenn sie nur mit zwei Personen besetzt sind. Leere Fahrzeuge zahlen nur 20 Pf. In den letzten Jahren bemüht man sich wieder, den Verkehr auf dem Kanal durch Vergrößerung etc. zu beleben. Erfreulich ist es, daß das Reich zur Untersuchung dieser Fragen und zur Aufstellung eines Projektes 40 000 M. im Rahmen des Ostpreußensofortprogramms ausgeworfen hat.

Sagen.

Die Prinzessin im Geserichsee.

Als ein Fischer einmal über den Geserichsee fahren mußte, trat eine Jungfrau in einem ganz schwarzen Kleide an ihn heran und bat ihn, sie doch mit über den See zu nehmen, da sie nach Schnellwalde zur Kirche wolle. Sie beschwor ihn aber, beileibe nicht zu fluchen, da sonst ein Unglück geschehe. Sollte er bei dem Sturm, der sicher kommen würde, etwas verlieren, am jenseitigen Ufer würde er alles wiederbekommen. Als beide mit dem Kahn mitten auf dem See waren, kam ein großer Sturm, der dem Fischer seine neue Mütze in den See jagte. Da fing er fürchterlich an zu fluchen, mußte aber schließlich einsehen, daß die Mütze für immer verloren war und sagte: „Wenn nicht, denn nicht, Herr Pfarrer, denn nehmen wir das Kind ungetauft nach Hause" — und fuhr ans Land. Die Jungfrau stand weinend auf und sprach: „Ich bin eine verwunschene Prinzessin und hättest du nicht geflucht, ich wäre erlöst gewesen, so aber muß ich noch zehn mal so tief im See bleiben." Sie ging in den See und war verschwunden. — Die Leute in jener Gegend sollen nämlich immer so viel fluchen.

Die goldene Glocke im Geserichsee.

Auf dem Schloßberg auf dem Bukowitzwerder im Geserichsee bei Weepers lag vor vielen Jahren eine große, goldene Kugel. Zwei Schwestern, junge Mädchen, sprachen einmal darüber, und die Älteste sagte: „Wenn ich die Kugel heben könnte, würde ich mir lauter schöne Kleider dafür kaufen". Ich würde sie in die Kirche tragen", sagte die Jüngere. Als sie es versuchten, konnte die Ältere die Kugel nicht aufheben, die Jüngere aber trug sie in die Kirche nach Schnellwalde, wo gleich eine Glocke daraus gegossen wurde. Das Mädchen verlangte aber, daß bei ihrem Begräbnis nichts mehr bezahlt zu werden brauche. Als sie starb, mußten die Angehörigen doch die Begräbniskosten bezahlen. Da fing die goldene Glocke von allein an zu läuten, ohne daß jemand am Strang zog, und läutete so lange, bis sie auf einmal in lauter Stücke zersprang.

Der versteinerte Ritter in der Schnellwalder Kirche.

In Schnellwalde wohnte einmal ein vornehmer Ritter, der sich eine einfache Bauerstochter zur Braut nahm. Einst kam es ihm in den Sinn, daß ihn die andern Ritter auslachen würden, wenn er nur ein Bauernmädchen zur Frau hätte. Darum ließ er sie gehen. Als er einmal auf dem Wege nach Schliewe war, lief sie ihm nach und verwünschte ihn, daß er zu Stein wurde, wie er ging und stand, in der Hand hielt er eine Fahne. Jeder graute sich von da ab, da vorbeizugehen, denn es sollte nicht geheuer sein, selbst am hellen Tage. Auch die Knechte wollten um den Stein nicht pflügen. So wuchs dort ein Dornbusch. Den

Blick vom Lusthaus (Gr. Winkel) auf den Bärtingsee.

Stein brachte man später in die Kirche und legte ihn vor den Altar. Nun liegt er unter der Kanzel. Der Dornbusch aber steht noch da auf dem heutigen Schulland.

Die schwarze Frau im Frauensee.

Im Oberlande liegt ein See,
der Frauensee genannt,
Umrahmt von Wiese, Bruch und Wald,
und Schilf ziert seinen Rand.

Gar dunkel ist die tiefe Flut,
wenn man vom Wald sie schaut,
ob noch so hell beim Sonnenschein
der Himmel drüber blaut.

Vor vielen, vielen hundert Jahren
hat hier ein Schloß gestanden.
Die Sage geht, daß in der Flut
einst Schloß und Turm verschwanden.

Als bei den Schafen einstmals saß
der Schäfer an dem Baume,
taucht aus der Flut die schwarze Frau
und spricht als wie im Traume:

„O flieh mich nicht, bleib hier, blieb hier,
und komm am Abend wieder,
und bring auch jenes Buch mir mit,
in dem die Kirchenlieder.

Und kommt das Böse dir zu nah,
das Buch wird dich beschützen;
komm ganz gewiß, vertraue mir,
Im Leben wird dir's nützen".

Der Mann versprachs. Zu Haus jedoch
sein Weib ließ ihn nicht gehen. –
– Seitdem hat nimmermehr ein Mensch
die schwarze Frau gesehen.

Und gehst am Abend einsam du
im Schatten bei den Föhren,
dann kannst in mancher Sommernacht
die Frau du klagen hören.

Die versunkene Kirche zu Dittersdorf.

In Dittersdorf, Hanswalde und Auer waren früher auch Kirchen. Als die Leute von Dittersdorf einmal zum Gottesdienst in der Kirche waren, wurde das Lied gesungen: Liebster Jesu, wir sind hier. Während des Gesanges verschwand die Kirche schnell in der Erde. Auch nicht ein einziger von den Kirchenbesuchern konnte sich retten. An der Stelle, wo einst die Kirche gestanden hat, ist heute ein Teich, umgeben von Fichten.

Der Gesang in der Eiche bei Nosewitz.

In dem Fichtenwalde bei Nosewitz stand früher eine hohle Eiche. Da waren am Sonntag immer Klänge zu hören, wie von fernem Gesang. Die Kinder gingen gern dorthin, um dem Gesange zuzuhören. Die Eltern hatten es oft verboten und gesagt: „Wenn ihr so dicht herangeht, werdet ihr in die Eiche hineingezogen werden." Die Kinder gehorchten nicht, gingen doch wieder dorthin, lauschten und sind seitdem verschwunden. Die Eiche hat noch lange gestanden, und noch lange hat man den Gesang hören können. Dann warf der Sturm sie um, und damit ist auch der Gesang für immer verstummt.

Die wilde Jagd im Bienauer Wald.

Ein Mann fuhr eines Abends durch den Wald von Bienau nach Dittersdorf. Plötzlich hörte er in der Luft die wilde Jagd ankommen. Ganz deutlich hörte er Schreien, Hundegebell und das Trampeln und Schnauben der Pferde. Als er nach Hause kam, fand er hinten auf seinem Wagen ein Menschenbein liegen. Er machte ein Loch in die Erde und vergrub es. Als er wieder einmal von Bienau nach Hause kam, war das nämliche Bein auf seinem Wagen. Wieder vergrub er es. Dasselbe wiederholte sich noch mehrere Male. Da rief er den Pfarrer. Der mußte nun selbst das Loch graben und das Bein da hinein legen. Von der Zeit an hat er es nicht wieder gesehen.

Der liebe Gott in Bärting.

Vor vielen, vielen Jahren, als die Steine noch ganz weich waren, ging der liebe Gott einmal über die Felder bei Bärting. So mußte er natürlich den Menschen zum Zeichen, daß er wirklich dagewesen sei, auch seine Fußspuren hinterlassen. Ein alter Mann erzählt, daß er den Stein noch ganz genau gekannt habe und als kleiner Junge darunter gespielt, und die Fußspuren auf dem Stein habe er sich immer ganz fein angesehen. Später sind dann fremde Männer gekommen, die haben den Stein gesprengt.

Der Teufelstein vor der Kirche in Schnellwalde.

Vor der Kirche in Schnellwalde steht ein Stein, der von den Einwohnern der Teufelstein genannt wird. Früher ist er in der Kirche gebraucht worden, aber dann irgend eines Verbrechens wegen, das an dem Stein geschah, vor die Kirche gestellt worden. Von hier haben die Leute ihn mehrfach nach dem Walde gebracht. Am nächsten Morgen stand er immer wieder vor der Kirche. Schließlich hat man es aufgegeben, sich weiter zu quälen und ließ ihn vor der Kirche stehen, wo er heute noch steht. Der Teufel soll den Stein nämlich auf dem Rücken immer wieder zurückgebracht haben.

Die Pest in Schnellwalde.

Ueberall im Lande hauste einmal die fürchterliche Pest. An Menschen starben soviel, daß die Leichen haufenweise auf den Straßen lagen. Auch in Schnellwalde fürchtete man die Seuche sehr. Da hatte einmal ein Hirtenjunge einen Traum. Jemand sagte zu ihm, er solle zwei Ochsen anspannen und zwei Furchen um das ganze Dorf ziehen. Der Junge tat es, und die Pest hat in Schnellwalde auch nicht ein einziges Opfer gefordert.

Oberländische Sprichwörter, Redensarten, Rätsel, Wetterregeln etc.

Wenn nicht, denn nicht, Herr Pfarrer, denn nehmen wir das Kind ungetauft nach Hause.

Unsre Katze kriegt auch'n Fisch.

Wenn der Mond auf dem Rücken liegt, ändert sich das Wetter.

Wer ist der Frechste in der Kirche? (Die Fliege, sie kriecht dem Pfarrer auf die Nase).

Meinetwegen können die Gänse in den Wald gehen, sagt der Fuchs, ich fresse doch kein Gras.

Wenn im Winter die Wände im Flur feucht werden, gibts Tauwetter.

Warum muß der Dieb hängen? (Weil der Strick zu kurz ist).

Je mehr man die Katze streichelt und puscht, desto mehr hebt sie den Zagel.

Die Spatzen sagen im Sommer: Perdschiet, Perdschiet! Im Winter: Zwieback, Zwieback!

Das führende Bier des Ostens

Staatsmedaille.
ff. Englischbrunnen-Bier
Goldene Medaillen
Hervorragend in Qualität, bekömmlich u. haltbar
Brauerei Englisch-Brunnen-Elbing.

Spezialität:
Deutsch Pilsener :: Deutsch Porter
Vertreter an fast allen Plätzen von
Westpreußen, Ostpreußen u. Pommern.

Motorschiff „Ursula“

120 Personen fassend.

Erfrischungen ❦ Kaltes Büfett
Kaffee ❦ Küche an Bord.

Für Vereine, Gesellschaften und Schulen
bestens empfohlen.

Besetzte Tage im Fahrplan ersichtlich.

Anmeldungen erbitte rechtzeitig.

Otto Munter

Saalfeld Ostpr.

Tel. 53. **Tel. 53.**

„Hotel Deutsches Haus"

Inh.: Carl Kaiser

Fernr. 27 **Saalfeld Ostpr.** Fernr. 27

Empfehle mein aufs modernste eingerichtete Hotel.

Gute Fremden- und Klubzimmer. □ Großer Saal zur Verfügung.

Eigener Omnibus am Bahnhof. — Auto im Hause.

Emil Stinner

Fabrik und Handlung
landwirtschaftl. Maschinen und Geräte

Saalfeld Ostpr.

Fernruf 136.

Anerkannt günstigste Bezugsquelle!

*Walter Siebert * Saalfeld Ostpr.*

Herren-Garderoben

Fernruf 58 *Fernruf 58*

Massgeschäft

Reichhaltiges Lager in deutschen Stoffen.

Schwalgendorf.

Gasthaus „Weidmannsheil“

J. Dirksen Nachf.

Telef. Gerswalde 9.

Saal und Garten-Etablissement

angenehmer Aufenthalt für Ausflügler und Vereine.

Billiger Mittagstisch und Logis

weil eigene Fleischerei.

Klubzimmer mit Klavier. ❧ **Motorboot** für kleine Gesellschaften.

Bahnhofswirtschaft Maldeuten

Inh.: **Otto Wolfgramm**

— Fernsprecher 27 —

bietet dem reisenden Publikum und Passanten gute gastliche Aufnahme. « Herrliche Lage. Schöne Aussicht nach dem Samrodtsee. « Gute räumige Wartesäle sind vorhanden. « Kalte und warme Speisen zu soliden Preisen zu jeder Tageszeit. « Anerkannt guten Kaffee und selbstgebackenen Kuchen. « Gute gepflegte Weine und Liköre. « Anstich gut gepflegter Englisch Brunnen-Biere. « Zigarren und Zigaretten in allen Preislagen, nur gute Marken von erstklassigen Firmen.

Gasthaus Riemke

Geneigte Ebene :: Canthen.

Ausflugsort

Saal : Garten : Gute Küche : Reelle Bedienung!

Max Gerdewischke

Tuch-, Manufaktur- und Modewaren

Fernruf 39. Saalfeld Ostpreußen. Markt 2.

Empfehle gute Qualitäten in:

Moderne Herrenstoffe, Kleiderstoffe für Damen, Sammete, Besätze, Seidenstoffe, Kurzwaren und ∴ ∴ Trikotagen, Strümpfe, Stickereien ∴ ∴

Stets Eingang von Neuheiten!

Fertige Leibwäsche für Damen u. Herren, Aussteuer-Artikel, Wäschestoffe, Bettfedern, Betteinschüttungen, Leinen, Gardinen, Schürzen, Teppiche, Tischdecken, Läuferstoffe, Hüte, Mützen u. Schirme, ∴ Damen-, Herren- und Kinderkonfektion. ∵

Spezialität: Hausfrauentuch „Treffer".

Reelle Bedienung. Billige Preise.

Gasthaus zum „Rothirsch"

Schwalgendorf

Inh. **Max Mattern.**

Großer Saal. Schattiger Garten. Bekannt gute Küche. ff. Getränke. Fremdenzimmer.

Telef. Gerswalde Nr. 24.

Deutsch-Eylau.

Hotel „Zum Kronprinzen"

Besitzer: L. Pflaumbaum

Weinhandlung ❧ Grosses Lager feinster Zigarren.

Konzert- und Theatersäle :: Erstes und grösstes Haus am Platze.

Vorzügl. Küche. Autogarage. Fernspr. Nr. 14. Saubere Zimmer.

Weepers.

Gasthaus „Zum Propeller"

Inhaber: **Emil Jahns.**

Dampferanlegestelle unmittelbar am Lokal.

Saal, Garten und großer Balkon.

Herrliche Aussicht über See und Werder.

Gepflegte Getränke, gute Verpflegung.

Vereinen, Schulen und Ausflüglern bestens empfohlen ! !

Saalfeld

Etablissement Gesellschaftsgarten.

Vergnügungsgarten mit Restaurant

:: :: Saal und Kegelbahn. :: ::

Für Schulen und Vereine angenehmer Aufenthalt.

Mitten in der Stadt gelegen, zusammenliegend

Konditorei u. Café Leopold Kuhn. Tel. 147.

Max Lück

Maschinenbaumeister

Saalfeld Ostpr.

Fernruf 134. **Klosterstr. 12.**

Vertreter für

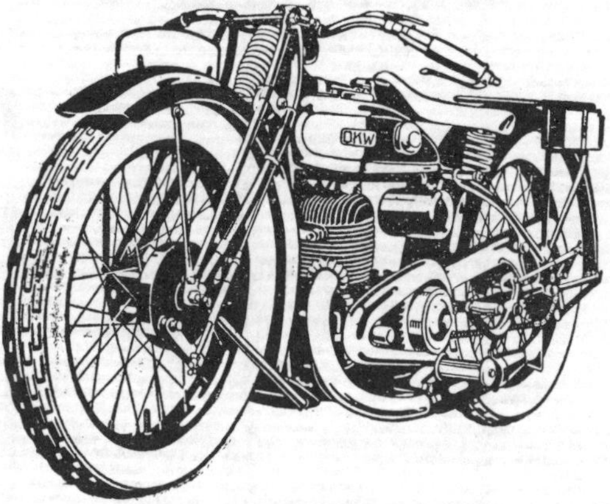

D. K. W.

Stock- und Hansa-Motorräder

Teilzahlung 12,50 *RM* pro Woche.

Markenfahrräder, sowie **Göricke, Anker, Wittler, N. S. U.** und **Meister** zu äußerst günstigen Preisen und Zahlungsbedingungen.

Gut eingerichtete Reparatur-Werkstatt

für Autos, Motorfahrzeuge und landw. Maschinen

— **Reichsortiertes Ersatzteillager.** —

Benzine :: Oele :: Fette.

Fritz Koenig, Saalfeld Ostpr.

Fernruf 88.

Ausspannung, Restaurant und Frühstücksstube.

Kolonial- und Eisenwaren.

Tankstelle □ *Benzin* □ *Benzol* □ *Oel.*

M-W-M-BENZ

KOMPRESSORLOSE DIESELMOTOREN

als Antriebskraft für Boote und Schiffe.

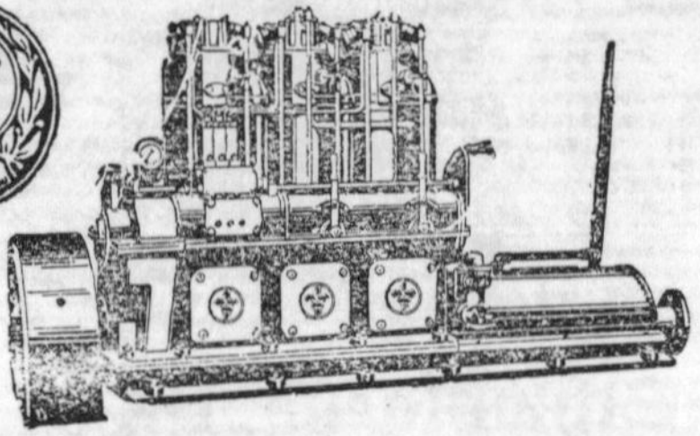

An Schiffsmotoren bisher über 90000 PS geliefert.

Bauart RH 24 D mit Wendegetriebe 45 PS.

MOTORENWERKE MANNHEIM A.-G.

VORM. BENZ, ABT. STAT. MOTORENBAU

VERKAUFSBÜRO **KÖNIGSBERG** · GEORGSTR. 29.

Fernsprecher 3240. — Drahtwort: ALTERBENZ.

Motitten

Gasthaus von Abraham. Telf. Gerswalde 4

empfiehlt seine Lokalitäten

:: sowie großen Garten ::

unmittelbar am Wasser gelegen, für Ausflügler, Vereine und Schulen.

Saalfeld—Tharden—Maldeuten

verkehrt an folgenden Sonnabenden:

4. und 18. Juni, 2. und 16. Juli, 6. und 20. August

8.40	ab	Saalfeld
11.40	an	Liebemühl
1.40	an	Tharden
6⁰⁰	ab	Tharden
8⁰⁰	an	Maldeuten.

Tharden—Geneigte Ebene—Maldeuten

verkehrt an folgenden Sonntagen:
(und 2. Pfingstfeiertag)

5., 6. u. 19. Juni, 3. u. 17. Juli, 7. u. 21. August

	7.00	ab	Maldeuten	
	9.00	an	Tharden	
Nach Eintreffen des Oberlandzuges	10.30	ab	Tharden	
	12.30	an	Maldeuten an 6⁰⁰	Anschluß zum Oberlandzug
	2.30	an	Geneigte Ebene ab 4.00	

Saalfeld—Schwalgendorf—Dt. Eylau

verkehrt an folgenden Tagen:

8. u. 12. Mai, 9. Juni, 14. Juli, 11. u. 28. August

8.40	ab	Saalfeld	an	8⁰⁰
9.40	ab	Schwalgendorf	ab	7⁰⁰
11.40	an	Dt. Eylau	ab	5.00

Saalfeld—Schwalgendorf—Weepers

verkehrt Mittwoch, in den Monaten April—Oktober.

1.15	ab	Saalfeld	an	7³⁰
2.30	ab	Schwalgendorf	ab	6⁰⁰
3.45	an	Weepers	ab	5.00

Michael Welder

Reise nach Masuren

192 Seiten
gebunden
ISBN 3-7921-0338-9

Reinhold Weber

Masuren – Geschichte, Land und Leute

250 Seiten
gebunden
ISBN 3-7921-0285-4

VERLAG GERHARD RAUTENBERG

2950 Leer · Tel.: 0491/4142 · Postfach 1909